關於離婚，你必須知道的事

諮商心理師和家事法專家給的處方箋

諮商心理師 林秋芬　法律學系教授 鄧學仁　家事法庭法官 潘雅惠——著

社會各界專業人士一致誠摯推薦

（依姓名筆劃排列）

二十五個案例內容除了描述個案故事外，還有心理師解析以及家事法官、專家學者的分析解說。鄧學仁教授和潘雅惠法官均為專業學養與實務經驗豐富的專家，分析鞭辟入裡又容易閱讀理解。

——花蓮縣兒童暨家庭關懷協會創會暨榮譽理事長、兒童青少年精神科專科醫師　王迺燕

自古清官難斷家務事，本書由三位不同領域的專家帶領讀者一窺家事案件的前因後果，看見圓滿家庭關係的方法。

——臺灣高等法院臺南分院法官　王雅苑

當我在診間遇到充滿情緒喊著要離婚，或堅持不離婚的病人時，我會建議他／她先靜下心，認真看完這本書。

——遠東聯合診所身心科醫師 吳佳璇

二十五個精彩之生命故事，有笑有淚、有愛有恨，有心理、法律等專業解析，在家庭衝突、司法爭訟中，找到了愛與希望，告訴我們，前往幸福之旅程，真的不遠。

——臺灣苗栗地方法院少年及家事法庭法官 李麗萍

當婚姻走到盡頭而感到徬徨無助時，本書的不同故事與專家意見，將啟發人們對於離婚更深層的省思。

——最高法院法官 邱璿如

婚姻關係走向盡頭時，人們總以為還有機會，還想再努力，但離婚仍來到眼前，那些破碎、挫敗的心靈，就是需要能對症下藥的處方。

謝謝秋芬老師百忙中整理出這些她在實務過程的看見，也謝謝鄧教授及潘法官的穿針引線，搭配如此細膩卻易懂理解的法律觀點。

——門諾醫院臨床心理師　侯仁智

「科際整合」、「專業合作」說起來容易，做起來比困難還困難。在「離婚」的漫漫長路中，從家庭生活出現衝突，到走進法院攻擊防禦，可以獲得諮商和法律的跨域給力，是多麼重要！感謝這本書，帶給我們知識的力量。

——國立中正大學法律學系教授兼台灣法律資訊中心主任、臺灣家事法學會理事　施慧玲

在走進家事法庭前請記得，唯有「和平分手、合作父母」，方能「走出法院、贏回人生」。

——國際家事律師協會IAFL首位臺灣律師　梁維珊

這是一本結合專業知識與易閱讀性的好書，幫助我們體會並練習「婚姻沒有對錯，而是讓彼此成為更好的人」。

——慈濟大學人類發展與心理學系助理教授、慈濟大學諮商中心主任　莫少依

人生的一切，均因著家庭而生。好好仔細的讀完二十五篇故事，再透過專業心理諮商師及法律人的分析，來讓自己思考並深化理解，這二十五篇故事，就不只是別人的故事，而是能讓我們人生結束苦難邁向幸福的引藥。

——臺灣臺中地方法院家事法庭法官　郭書豪

婚姻家庭從來就不是一門簡單的功課，這本書敘說了許多高衝突家庭的故事，請聽聽看心理師跟法學專家的建議，除了衝突、暴力、吞忍、訴訟之外，還有許多解決問題的方式。看完書，請好好照顧自己，也記得照顧瑟縮在屋角的小孩。

——光鹽社會工作師事務所所長　陳伶珠

家庭由不同背景的個體緊密捆綁在一起，衍生出錯綜複雜的問題，本書是探討家庭內外的互動關係，抽絲剝繭，從而找出解鎖的良方，值得細細品味。

——前臺中榮民總醫院精神部主任、澳門仁伯爵綜合醫院精神科主任醫生　陳展航

很高興終於有這樣一本關於離婚，卻不是僅從法律層面探討的實務書籍問世了。在人生的重大事件中，離婚造成的壓力排名第二，僅次於喪偶。如果離不離婚必須透過法院的判決，那麼對處在婚姻風暴中的當事人，更是沈重的壓力。在家事法庭工作了十二年，看見了各種不幸福婚姻關係的樣貌，而這些在婚姻中受苦的當事人，往往有許多憤怒、傷心、委屈、不甘心、憂鬱、焦慮、覺得被背叛或被拋棄等等負面的情緒，需要有人傾聽、協助。而法院透過調解、透過轉介家事商談、心理諮商、子女會面交往的協助等等機制，希望當事人不要只是透過一紙冰冷的判決來決定婚姻關係的走向但身心依舊無法安頓，而是能更清楚理解目

前自己的身心狀態、對關係的心理需求，在必須的時候放手祝福，在願意共同為關係努力的時候有好的溝通。

——臺灣花蓮地方法院民事庭庭長　陳雅敏

柴米油鹽的翻滾中，天成佳偶也可能相看兩厭。情感困頓處，法理指引清楚的道路，心理的理解則是路上的光，照見彼此。

——慈濟大學人類發展與心理學系教授　陳畹蘭

當無法做夫妻時，如何保護並共同支持未成年子女健康快樂的成長，是父母及實務工作者努力的方向。在本書中，透過作者的經驗分享，給予父母及實務工作者專業的引導，值得一看的好書。

——臺灣雲林地方法院少年及家事法庭法官　黃瑞井

這本書從心理觀點、法律理論及實務經驗，帶領大家穿越家事案件中重重迷霧，是能讓你／妳得到幫助、不可多得的好書！

——薈盛國際法律事務所主持律師　楊晴翔

學校沒有教過如何面對婚姻中遇到的各種衝突，但是婚姻卻是人生中所經歷最長時間的考驗，如果能從中間的挫折加以學習，如此經驗將是未來人生難關中寶貴的教材。這本書囊括婚姻衝突中情感與實際生活的矛盾，及血淚斑斑案例累積的實務，是一個不可多得的跨專業的人生指引。

——三軍總醫院副院長、精神專科醫師、東吳大學心理系教授、耶魯大學醫學院研究員　葉啟斌

家庭可以是舒適安全的避風港，也可能是衝突苦難的火藥庫，端看婚姻雙方如何細心的經營與修練。本書以生動易讀的實際案例逐一呈現婚姻中多樣性的危機，並用心理諮商與家事法學角度剖析各式婚姻衝突樣貌。本書是婚姻觸礁時的

一盞明燈，指引的參考書。

——高雄市立凱旋醫院主治醫師　蔡景宏

希望這本書能讓為家事煩心的專業工作者和當事人，在其中找到更多的啟發與繼續努力的智慧加勇氣。

——臺灣高等法院法官　盧軍傑

助人工作是需要感性與理性並濟的專業，本書兼容兩者，告訴我們在同理之後，如何回歸理性層面思考下一步。

——社團法人雲林縣百日草希望家庭協會社會工作督導　蕭雅方

作者群有心理師、法官及學者，他們分別在每個破碎的家庭提出自己的觀點與解方。

——律州聯合法律事務所主持律師　賴芳玉

本書有故事的題材，有專業的分析，結合不同領域的跨界合作，相信能進一步引領受憲法制度性保障的家庭，有更美好的發展。

——華嚴法律事務所律師　賴淳良

以真實案例從心理、法律的層面，深入淺出分析婚姻所面臨的各種議題，帶領讀者省思婚姻的意義並找到問題解方，相信本書可以幫助到需要的人。

——臺灣雲林地方法院少年及家事法庭庭長　鍾世芬

從本書的案例及商談、調解歷程的解說分析，可以證明經由家事商談、家事調解去解決家事紛爭，比較有可能引導緣盡情未了的夫妻，學會愛自己，珍愛自己的子女，而真的放下「十年相愛霜滿天、此恨綿綿無絕期」。

——臺灣高雄少年及家事法院院長　鍾宗霖

父母婚姻的分合影響孩子對親密關係與自我概念。當父母以正向方式處理，孩子就能減少被負面情緒牽連綑綁數十年。

——上善心理治療所院長　羅秋怡

本書由心理專業及法律觀點不同角度出發，梳理各段婚姻關係的脈絡，讓我們領略人生的方向感，順利前行。

——臺灣桃園地方法院家事法庭庭長　蘇昭蓉

掛名推薦（依姓名筆劃排列）

雲林縣政府教育處輔導員　丁麗美、精神科醫師　王浩威、公證人公會全國聯合會理事　何叔孋、南投縣議會祕書長　李孟珍、門諾醫院壽豐分院醫事室主

任　李美瑩、臺灣兒童青少年精神醫學會理事長、高雄長庚醫院兒童心智科教授級主治醫師　周文君、臺灣苗栗地方法院少年調查保護官　林金鈴、臺北榮總玉里分院院長　胡宗明、臺灣花蓮地方法院少年及家事法庭庭長　范坤棠、環球科技大學學生事務長　陳建宏、若瑟醫院臨床心理師　陳昭芬、社工師、諮商心理師陳議、頂溪心理諮商所所長　鄔佩麗、國立臺灣師範大學社會工作學研究所兼任副教授　賴月蜜、門諾醫院壽豐分院兒童青少年精神科主任　鍾德

〈專文推薦〉

愛無限 縱有荊棘 有愛無礙

花蓮縣兒童暨家庭關懷協會創會暨榮譽理事長、兒童青少年精神科專科醫師 王迺燕

「醫師，我應該沒有跟你講過，我在北部讀大一的時候，我外婆過世，我媽媽一直沒有告訴我外婆重病，讓我以為只是慢性病，直到她過世才告訴我。她是我最重要的家人，我竟然沒有見到她最後一面！」

小珍幼時常常目睹父母激烈爭吵，爸爸摔東西，動手打媽媽，媽媽歇斯底里地叫吼。

「我從小就不快樂。我成績很好，同學、老師也大都喜歡我，我的個性很安靜不愛說話，現在回想，我應該從小就有憂鬱症，或是說我的憂鬱症病根是從小時候父母家庭問題開始。後來家暴通報，他們終於離婚。我跟我媽住，她大多在

外地工作，後來改嫁，但還是會來看我，也會帶東西給我，對我的規定又很多。我幾乎是外公外婆養大的，是他們把我從恐怖的家庭中救出來的，我寧願他們是我的父母。所以醫生你應該能理解，當我媽以不耽誤我功課為由，沒跟我說外婆病危，導致我無法見她最後一面時，我是有多生氣、多難過！」

依內政部統計，二〇二一年離婚對數為四萬七千八百八十八對，折合年粗離婚率為千分之二點〇四，在亞洲是數一數二的高；婚齡中位數於二〇二一年為七點九五年。這顯示不少兒童曾經歷父母離異。父母離異後，他們是否都有被妥善照顧？是否仍擁有來自父母的愛與關懷？還是被迫二選一，只能住在父或母一方？他們能隨意要求見父或母嗎？還是最終被父或母當成武器，以監護權或是會面交往脅迫或攻擊另一方？

研究及文獻都指出，目睹家庭暴力的兒童的心理創傷不亞於遭受身體虐待的兒童，他們也會出現焦慮、憂鬱、創傷後壓力症候群，甚至出現攻擊、破壞等非行行為（Melissa，2002）。一項在邁阿密研究一千一百七十五位二十至二十四歲青年個案的回溯性研究顯示，童年暴露在家庭暴力是成人早期憂鬱的獨立危險因子（Russell, Springer, & Greenfield，2010）。身處高衝突家庭的孩子遭受到身心影響可能是短期的適應障礙合併焦慮、憤怒、哀傷、過度擔心、對立反抗行為，此外，還有可能呈現憂鬱、創傷後壓力症候群、對父母忠誠的衝突以及親子離間問題。

花蓮縣兒童暨家庭關懷協會（以下簡稱本會）多年致力於目睹家庭暴力兒少及其家庭的支持、諮商、團體治療等相關服務；承接花蓮縣政府駐地方法院家事中心事務，促使當事人主動解決紛爭、降低衝突，並提供陪伴出庭、心理諮商、子女會面交往等服務。數年來，本會已經出版多套家庭暴力、目睹兒少、家事商談、子女會面相關刊物及影片，提供一般民眾、當事人、專業人員認識與使用。本會社工、心理師提供當事人的家庭服務如家事商談、心理諮商已累積相當經驗，各類型家庭衝突、各式議題均熟悉。為了使普羅大眾能夠關心此議題，以及提供專業人員工作時的參考，本會於今年（二〇二三年）成立十五周年之際，林秋芬諮商心理師（本會秘書長、社工師）整合了協會內社工及心理師的各類型服務案例，並邀請八位結案多年的當事人回來接受訪談，分享自己的心路歷程（均經改造背景資料）。二十五個案例內容除了描述個案故事外，還有心理師解析以及家事法官、專家學者的分析解說。鄧學仁教授和潘雅惠法官均為專業學養與實務經驗豐富的專家，分析鞭辟入裡又容易閱讀理解。尤其感謝兩位專家長期支持及指導本會相關會務，並同意討論分析書中案例，使得本書可讀性更高、更具專業性，真是讀者之福。另有許多法律界、精神醫學界、兒童青少年精神醫學界、心理學界專家及教授推薦，在此一併感謝。

小珍這案例是我門診幾個個案的綜合，他們都經歷過父母親衝突或家暴後父母離異。他們不只是研究報告中的數據，而是有著共同的背景、活生生遭受苦難後成長的青少年或年輕人。他（她）們之中，有些人成年後找到多年不來探視的父親，卻發現父親並非母親所說的那樣不堪！他們及其父母的經歷均可見於書中案例。這都告訴我們書中 Tina、淑萱、龍哥、義明以及小珍都不是特例，而是常見案例。

花蓮縣政府自二〇一五年即開始支持與投入資源於此服務迄今，期待各地縣市政府亦能投注資源於離異前中後期的家庭。期待此書能達到拋磚引玉之效，讓更多人關心此議題。

〈專文推薦〉

前往幸福之旅程，不遠

臺灣苗栗地方法院少年及家事法庭法官　李麗萍

二十年前，一對高學歷之年輕夫妻，育有一個兩歲幼子，因離婚、親權、會面、家暴、財產等爭執，在多處法院爭訟近二十件，每次會面都錄影，每個傷痕都拍照，隨時蒐證控告對方。最後一次受理案件時，孩子已七歲，在父母無窮無盡之衝突中，浮浮沉沉，失去童年、被迫長大，學會壓抑及討好，在忠誠議題不斷掙扎。迄今，我仍然忘不了這個孩子。不知，是否已息訟止爭？

婚姻、育兒、親屬之衝突，潛藏認知、情緒、壓力之糾葛，剪不斷、理還亂，非循司法途徑依法論法，即可妥善周全解決。二〇一二年六月《家事事件法》施行，各法院積極推動家事調解，設立家事服務中心，開辦親職教育、親密溝通、兒少心理等課程（團體），連結社福、教育、醫療、諮商等資源，引入家事商談、諮商輔導、會面交往等服務，開啟柔性司法多元服務之里程碑。二〇二二年六月《家事事件法》施行十周年，少子化、高齡化、高離婚率、低結婚率之社會，少家司法任重道遠，法律、心理、社工、教育等專業之合作，更顯重要。

認識林秋芬心理師，在一場偶然之家事研討會，法律與心理、社工之專業，因而激盪更多美麗之交會。林心理師兼具心理、社工專業，二〇〇八年創辦社團法人花蓮縣兒童暨家庭關懷協會，承辦駐法院家事服務中心業務，創立華人共親職中心、癒所創傷復原中心，在花蓮社區及法院駐點服務，提供以家庭為核心之家暴與家事三級處遇服務，擅長與司法合作，以家事調解、家事商談、諮商輔導等資源，協助解決家庭紛爭，保護兒少權益，熱忱無限，創意無窮，令人敬佩不已。

認識鄧學仁教授及潘雅惠法官，也在家事法律及少年業務研討會。鄧教授任職中央警察大學法律學系，畢生奉獻家事法律研究，長期協助家事司法工作，培訓家事相關專業人才，高瞻遠矚，無私無我，令人尊敬。潘法官任職臺灣雲林地方法院少年及家事法庭，亦曾擔任少年及家事法庭庭長，積極連結資源，戮力推動家暴防治及兒少保護，不畏案件繁重、人力困窘，堅守少年及家事審判工作，亦為我輩典範。

少家司法資源困窘，苗栗之醫療、教育、社福、諮商資源不足，擔任臺灣苗栗地方法院少年及家事庭庭長時，推動家暴相對人審前社工關懷、預防性認知輔導教育、家暴相對人後追轉銜、初階親職教育、進階親職團體（爸爸團體、媽媽團體）、家事兒少心理調適團體（兒童組、青少年組、幼兒親子組）、心理諮商輔導（兒少、夫妻、個別、共同）、親密伴侶溝通（夫妻、伴侶）、未成年子女會面交往協助（審前、審中、審後）、家事商談（個別、共同）、印製父母共親職手冊、親職文宣筆、法庭寶貝熊陪伴出庭兒少，篳路藍縷、困難重重，幸有林心理師一路相伴、相助，鄧教授及潘法官之創見及作為，亦提供勇氣及方向。

司法為正義之最後一道防線，少家司法為兒少及家庭之最後保護傘。但是，司法不是萬能。司法爭訟過程，如未善用資源、緩解衝突，甚至不斷纏訟、升高對立，不僅讓有限之司法資源耗竭，對兒少及家庭之撕裂、傷害，有時，更須窮盡一生修復。若善用家事調解、家事商談、婚姻諮商、親職教育等資源，互相理解、互相感謝，好好溝通、好聚好散，毋庸彼此煎熬，其實，前往幸福之旅程，並不遠。此本林心理師、鄧教授及潘法官合著，二十五個精彩之生命故事，有笑有淚、有愛有恨，有心理、法律等專業解析，在家庭衝突、司法爭訟中，找到了愛與希望，告訴我們，前往幸福之旅程，真的不遠。

本書適合司法同仁閱讀，也推薦承辦家事案件、諮商輔導之律師、社工、老師、心理師、調解委員，及少年輔導委員會、家庭教育中心、毒品危害防制中心、社會局（處）科等專業人員閱讀。陷入婚姻衝突螺旋、糾結夫妻離合議題、難以成為友善合作父母、因家庭衝突而堆疊內在創傷之人，更適合閱讀本書，可以畫下停損點，找到方向、找到方法，自我療癒、自我修復，前往幸福之旅程。

（本序作者為臺灣苗栗地方法院少年及家事法庭法官，曾任少年及家事法庭庭長、苗栗縣家暴性侵性剝削防治委員、苗栗縣毒品危害防制諮詢委員）

〈專文推薦〉

婚姻的小事，離婚的大事

律州聯合法律事務所主持律師　賴芳玉

關於離婚，你必須知道的，不只是離婚的事，更是婚姻的故事、是孩子、是我們童年、我們父母的事。

所有的事，都會連結到很遠、很久的印記，在以為遺忘的時候再次浮現。

我舉一個冰箱的故事，很日常，卻可以延伸到很遠的地方。

有位女性朋友曾跟我訴苦，她說：「老公經常想盡辦法把冰箱裡食物清空，只要還有剩食，他不准我丟也要我跟著吃……」，我問她：「妳喜歡冰箱塞滿食物嗎？」她點頭，冰箱內「年年有餘」，讓她覺得「豐衣足食」，夫妻倆經常為了冰箱食物的生活習慣而爭執。

我是一個很愛發問的人。因此在追問細節時，意外發現他們生活習慣的差異，連結的竟是個人「安全感」的來源，她老公因為浪費食物而有罪惡感，所以冰箱清空，讓他比較「舒服」，避免有浪費食材的焦慮；而她則喜歡隨手可得、備而不用的物資，簡單說，她對於「囤積」，比較有安全感。

這些感受，都連結到他們的童年，父母養育時帶給他們的情緒、情感及生命經驗，那是一代傳一代的印記。

事情雖小，卻可以是大事。

我記得曾有位男性朋友，他是社會菁英，經濟狀況自是優渥，但他很苦惱。他說：「妻子喜歡回收物品，我完全無法和她溝通……」，我看到照片中的百坪「豪宅」，堆滿回收舊物，那通往樓中樓、美麗的旋轉階梯，在雜物的堆疊下僅餘半步空間可供踩踏。

他想離婚嗎？他很糾結，畢竟在曾經貧窮、一無所有的年輕歲月中，她是不離不棄，與他共患難的妻子。但這種婚姻生活，該如何是好？

有個名詞「囤積症」，美國精神醫學學會（American Psychiatric Association）在《精神疾病診斷與統計》（*Diagnostic and Statistical Manual of Mental Disorders*）第五版中，特別把囤積症歸類為精神疾病的一種。

我雖不知這位妻子是否已達到精神疾病狀態，但這則離婚故事的背後，恐怕不是離婚議題，而是該如何協助家人就醫的課題。

經歷這麼多年、這麼多人的離婚故事，我不斷學習處理家事事件的能力：「覺察」、「辨識」、「對話」、「整合」及屏除偏見，以平等、尊重各種形式的生命選擇，至今仍深感不足。

家事事件是跨專業整合的社會科學，透過不同專業者觀點，讓我提升處理家事的能力，時時提醒如何在法律二分法、辯論與對立的司法系統中，擴充多元的、整合的對話的空間，重新建構情緒、情感與法律的婚姻制度。

這本書最大的特色就是跨專業的多元與整合。書中的離婚故事，實務現場遍及諮商、家事服務中心、家事商談、家事調解及家暴保護令處遇計畫的團體治療。

作者群有心理師、法官及學者，他們分別在每個破碎的家庭提出自己的觀點與解方。

從婚內風暴、離婚到離婚後的困境，從中年婚姻、老年婚姻到重組家庭的案例，每個傷疤，都透過心理師點出，每個法律歷程，也有家事法官與家事法學者提供法律觀點與概念。

很有趣的是，許多法律人都說家事案件，法律不過就三條：《民法》第一〇五二條的離婚事由、《民法》第一〇五五條之一的親權認定及《民法》第一〇三〇條之一的夫妻財產差額分配請求權。言下之意，家事事件好像很簡單，很不法律。

然而憲法法庭這二年卻連續因家事事件提出矚目的憲法判決。

在二〇二二年提出「憲判八」（一一一年憲判字第八號），強調離婚事件中的兒童自主權及表意權，在二〇二三年提出「憲判四」（一一二年憲判字第四號），提到婚姻自由，包括結婚、繼續婚姻及離婚的自由，更改變過往實務採用（最高法院二〇〇六年第五次民事庭決議）對於《民法》第一〇五二條第二項但書只限於婚姻破綻的有責性較輕或相當的配偶的離婚權，而認為該條只限制「唯一有責配偶」的離婚權，並要求立法者應於兩年內修法。所以關於離婚，無論在哪個專業領域，都不簡單。

而看完這本書，我深刻體認到一個事實，那些被誤認為婚姻中的小事，都可能成為離婚中的大事。所以，無論你／妳在人生哪個階段與處境，我都誠摯推薦閱讀這本書。

〈專文推薦〉

致為美好恬靜新生活願景奮鬥的你

華嚴法律事務所律師　賴淳良

宋代詞人辛棄疾曾經寫下一首詞〈清平樂．村居〉，描寫家人互動的情景。「茅檐低小，溪上青青草。醉裡吳音相媚好，白髮誰家翁媪？大兒鋤豆溪東，中兒正織雞籠。最喜小兒亡賴，溪頭臥剝蓮蓬。」雖然居住處所並不寬敞，但是有舒適的環境，陪伴著家人從小到老，一幅恬靜的家居生活。

如果法庭內喧囂的爭吵聲，能夠經由每一位有能力的人，伸出一雙專業的手，協助碰到人生困境的男男女女、老老少少，帶著一幅恬靜的生活新希望圖景，步出法庭，重新面對新的生活，也許是每一位家事事件參與者願意奉獻的心意與期盼。本書三位作者帶著各自的專業，不但願意伸出雙手，還願意分享寶貴的經驗，提供專業的分析，相信必定能帶給更多人「溪頭臥剝蓮蓬」的那一份美好。

鄧學仁教授長期耕耘家事法，除了教學之外，也是熱門的演講人，以順口而切中要點的語詞，推廣家事法的理念，讓聽者心領神會，興趣盎然。鄧教授也是《家事事件法》的制定委員，催生了屬於程序法性質的《家事事件法》。在本書中的法律分析，鄧教授提供既有實體法，又有程序法的觀點，必使讀者有完整的了解。

潘雅惠法官長期從事審判工作，在落實《家庭暴力防治法》，有相當顯著的成效，獲得廣泛的讚譽。在審判實務上，很早就結合各種資源，組織個案研討會，協助破碎的家庭以及少年。由於潘法官熱誠的態度以及專業的知識，使得地方政府各局處機構以及團體，紛紛積極的配合。潘法官也就實際上帶領團隊，落實少家審判的理念。

林秋芬心理師籌設家庭兒童福利團體，由於有專業而溫潤的視角，很快獲得各界熱烈響應，在婚姻諮商、親職教育、會面交往等等諸多家事法領域，帶給法律實務工作者，許多不同面向的回饋，也帶給許多家庭及當事人溫暖的希望。

面對家庭婚姻生活，夫妻或是兩位配偶面臨全新的生活型態，子女的誕生，帶來喜悅以及終日的操勞。逐漸佝僂的父母親，需要子女溫暖的手掌。當家庭權、兒童權利、老人權利逐漸成為思考家事事件審理或協助家庭成員重新面對關係的必要元素時，權利的真正意涵以及在地社會化，也就成為必須自我琢磨的重點。在臺灣社會中，權利聲稱是否只是權利人向義務人主張權利內容的單行道，或者可以理解為是權利人與義務人一種相互的鄰近、回應，進而期盼為雙方或更多成員，建構並形成屬於自己期盼及應有的行為規範，而呈現出一種網絡多重交會的狀態，進而成為每位家庭成員自我成長的動力，或許是另一種可以展現的權利模型。

本書有故事的題材，有專業的分析，結合不同領域的跨界合作，相信能進一步引領受憲法制度性保障的家庭，有更美好的發展。

〈專文推薦〉

今生有錯今生過，來世有緣來世牽

臺灣高雄少年及家事法院院長　鍾宗霖

家事紛爭，要離婚的夫妻，如果不是那麼在乎對方（不管是愛、還是恨、還是不甘心）；如果不是對孩子的獨佔欲，那麼的強烈（已經失去了婚姻，孩子成為父母另一種心靈的依靠，絕不能失去），也就不會糾葛、仇恨得那麼深，如此難分、難解、報復、不甘心、仇恨入骨……

此時，家事紛爭的當事人，都期盼能於最後一道正義防線的家事法庭上，獲得到他們認為，法官會給他的公平正義。但家事離婚訴訟，也是酌採攻擊與防禦方式的辯論主義，當事人有舉證的責任。如此，將會引發夫妻更多的權益保衛戰，攻擊防禦的訴訟辯論制度設計下，彼此在家事法庭殺得遍體鱗傷，每開一次庭，就再度撕裂，令人心碎的心靈舊傷痕……。合作友善父母的期待，就這樣消失了，可憐的孩子，就變成父母雙方的訴訟籌碼與代罪羔羊。縱使家事法庭的法官大都酌採職權進行、職權探知主義，一直要求父母雙方提出：父母親職教養計畫、參加親職教育、婚姻諮商，或提出證據、互相對質……其結果，只會更增加彼此的較勁、對立、敵視與貶抑對方，因為任何一方，都自覺是婚姻中的「受害者」、被否定而非常委曲。

本書三位作者，一位是心理諮商專家、資深的家事商談實務家；一位是博學研究家事法的知名家事法學博士教授，並有深厚指導家事調解實務經驗的學者；一位是非常資深、專業久任於家事審判領域、審理家事事件超過二十九年的家事調解法官兼家事審判法官。三位專家、學者、法官撰寫本書，共同倡議家事紛爭，不應只尋求傳統的家事法庭審理判決來處理，而宜從家事商談、家事調解的溝通、探索自己內在的心理需求開始。

閱讀本書，從林諮商心理師的分析，可以瞭解家庭紛爭，使人受挫折、受創

（傷），心靈受創（傷）的人，經由人類心理的防衛機轉作用，不是攻（反）擊，就是自我傷害。從家事商談實務工作中發現，人一定要先有被愛和關懷的真實體驗，才能夠學會去付出和體諒他人。而鄧教授及潘法官於書中分析了家事法的真義及家事調解的歷程，如能夠讓受創、覺得委曲的兩造夫妻，因調解委員的傾聽、同理、陪伴、增權、賦能，將使他們真實感受到：被理解、被支持、被關照、被看重，而覺得有依靠、有出口、有感動，兩造（夫妻）才有改變的希望與可能。這是家事法庭，用訴訟程序審理判決，無法達到的境界。

從本書的案例及商談、調解歷程的解說分析，可以證明經由家事商談、家事調解去解決家事紛爭，比較有可能引導緣盡情未了的夫妻，學會愛自己，珍愛自己的子女，而真的放下「十年相愛霜滿天、此恨綿綿無絕期」。本書由不同案例，讓我們更清楚，家事商談及調解，可以引領家事紛爭的夫妻，讓他們願意，重新檢視自己的人生：走到現今婚姻、親情的衝突與困境，離婚與否的掙扎與在愛情、親情關係中的心理需求是什麼？當他們被引領探索自我的內在及思考婚姻生活的真實層面時，其實，他們會發現，有一半的責任需自行承擔，而非一味地歸咎、攻擊他方。使他們了知與接納：唯一讓自己好過的方式，是先放過曾經愛過的人，釋出善意，才能重新開啟未來的人生，否則，窮極一生，都將活在怨恨的深淵中，傷及無辜的孩子。

我閱讀本書的啟發是：處理家事紛爭，如果能啟動家事商談及家事調解的傾聽、溝通、增權、賦能及引導自我覺察，促使兩造（夫妻）先有「放下仇恨」、「原諒對方，原來也是在原諒自己」、「孩子原來你是那麼需要父愛與母愛」的認知，及催化出內在正向的心理動力，那麼家事紛爭，在家事商談及家事調解歷程中，往往就在彼此自主及願意的選擇下，重新建構新的關係（不論是離婚或破鏡重圓），將容易多了。

三位專家撰寫本書，以案例解析提供心理諮商、家事法學、家事商談及調解的運用，才是解決家事紛爭的正道與良方。我想三位作者，把自己活成一道光，讓許多人藉著他們的光，走出了黑暗。他們知無不言，保持心中的善良，祈望處在家事紛爭困境中的人們，藉著他們的善良，走出絕望。他們保持心中的信仰（堅信家事商談及家事調解可以真正解決家事紛爭），盼望許多從事家事助人工作的專業工作者，藉著本書的案例分析，而堅定家事商談及調解的信仰，可以幫助家事紛爭中的家庭走出迷茫，迎向光亮的人生。寫書分享廣博知識及專業經驗，是相信自己擁有的這份力量，因為許多人閱讀了本書相信你們，而開始相信了自己，從此讓自己的人生，過得更精彩、更自在。（以上係摘錄及援引泰戈爾〈用生命影響生命〉之詩歌）

本書三位專家學者，在《家事法》及家事商談、調解領域，都是我的老師，我向他們直接、間接學習，惠我良多，茲榮幸獲邀敬讀，書中案例分析解說，令我生共鳴之心，感佩甚深，樂為之序。

目錄 CONTENTS

第1部

在破碎的婚姻裡掙扎

——雖有保護令或配偶外遇，仍未離婚

1-1

我想要的婚姻和你的不同

除了訴請離婚，還有別的選擇嗎？

Tina 的婚姻超過十年，也在離婚這件事上糾結了好久。

自從生了孩子，她發現自己和先生對家庭的認知有很大不同。兩人衝突不斷，甚至對孩子造成嚴重的影響。

經過一番糾結，還有家事商談專業資源的協助與作用，最後，她仍然選擇留在婚姻內，但卻不是出於一開始所想的「忍一忍就好」委曲求全，而是她真的清楚知道了自己內心所要的是什麼後，設法改變自己，而得到了她想要的結果。

如今，孩子的狀況改善了，與先生間的關係也穩定了。Tina 摟著重修舊好的先生，她笑說，「我的人生跟婚姻，都好像倒吃甘蔗，越吃越甜。」

婚姻出狀況，越演越烈

Tina 談起她婚姻中痛苦的那段回憶。

她是大學講師，與開設工程行的先生結婚已超過十年，然而才新婚後不久，她與先生的衝突便已顯現。大小爭執不斷，在隔年孩子出生後，情況更是難以收拾。

「主要是我們對家庭觀念的認知不同吧。」Tina 說著。

先生來自大家族，自小就和堂兄弟們關係緊密，或許因為如此，在與 Tina 組織小家庭後，先生仍然把原生家庭當作核心，無論有事沒事，甚至只是遊玩閒聊，只要家人一通電話，先生隨叫隨到。

這樣的情況令 Tina 難以忍受，對她來說，自己的家庭剛有新生兒，先生卻天真地想維持單身時的自由生活與自我空間。

她看不到先生對自己小家庭的用心，卻看到先生跟著兄弟們打球、餐聚、聊天到夜半……有時 Tina 和先生已有約定好的規劃，先生卻會因兄弟的邀約而取消原訂計畫。

「一開始我也都盡量陪同出席呀，想說盡量積極參與他們的事情。」但先生與親友的聚會經常遲至深夜，Tina 認為容易影響幼兒的作息，而漸漸減少參與。

她向先生提出要求，希望先生減少出門的頻率，「把重心放在我們自己的小家庭上。」先生卻認為她可以獨自處理幼兒和家中瑣事，覺得她的要求是在「阻礙兄弟情誼、剝奪個人時間、不給他開心好過、找他麻煩」。

衝突開始影響孩子

Tina 與先生的關係越來越差，她曾嘗試找夫家的親戚、雙方家長、共同朋友等角色協助溝通，但衝突不減反增，種下許多枝節與隔閡。

兩人關係越來越差，每每一提到相關議題，便是一頓大吵。接下來，就是至少一週，甚至長達一個月的冷戰。

先生刻意早出晚歸，避開 Tina 在家的時段，兩人若是「狹路相逢」，互動也如陌生人一般。Tina 難以忍受這樣的冷暴力，她把自己關進房間，「似乎我跟小孩發生任何事，都跟他無關。」

痛苦的生活持續了好幾年，爭執與吵架隔三差五地不斷循環，雙方火爆到互相動手推擠。有一次孩子在旁目睹嚎啕大哭，Tina 一次一次地浮出要不要離婚的念頭，但看看身邊的幼兒，又一次一次地告訴自己忍耐下去。

可惜，一味忍耐無法帶來雨過天青的好結果。

Tina 原先擔心雙方這樣下去，孩子未來可能會發生情緒失控，或是怕孩子有人格缺失，誰知尚未等到孩子長大，她擔心的事就已提早到來。

孩子在幼兒園發生了退化的行為，Tina 聽到老師轉述孩子出現便溺在褲子上等狀況，心裡非常著急，於是果斷地尋找專業資源，想幫助孩子，也就是此時，她巧合得知了家事商談資源，開始了個人與心理師的談話。

關係的轉變

「媽媽心理穩了，孩子也會穩了。」Tina聽到心理師說出這句話，她了解必須先照顧好自己。

「每次會談中不斷詢問、不斷討論……」在Tina的努力下，她逐漸釐清了對婚姻的看法，也明白自己想要的是什麼。她選擇在不委屈自己的情況下，讓自己在婚姻中能先穩住。

在會談過程中難免會因「怎麼竟是我要先低頭、我要先改變」的想法而覺得挫敗，但在兩、三次邀請先生一同進入商談被拒絕之後，Tina清楚知道自己想為孩子留在婚姻中，既然先生覺得都是她的問題，那她先嘗試改變自己。

「我逐漸學會從對方的角度思考，也多發現先生的優點、多稱讚他……」她理性地採用「同理」，並確保兩人在夠冷靜的狀況下再進行溝通。半年以後，先生對於Tina的意見不再那麼抗拒，也逐漸認同了兩人自組的小家庭才是最核心也最重要的事，並開始減少下班後個人的社交活動，兩人慢慢有了交集，回首這段婚姻，到了第十二年才漸入佳境。

心理師想說

從故事中看見 Tina 要先生投入小家庭、要關係改善，採取的作為從抗議、直接要求、找夫家的親戚、雙方家長、共同朋友協助溝通、大吵、冷戰到雙方動手，最終讓 Tina 尋求專業資源協助，從改變自己開始，是因為孩子長期處於父母衝突中而出現退化行為。面對關係問題，有人是來找心理師要討論如何改變對方，處於一種「我要對方改變、我要關係改變」，卻不是「我要在關係中改變」，Tina 也坦承曾出現「為何是我要改變」的質疑。但沒辦法讓對方一起來接受婚姻諮商時，也只能從單方的改變做起。

● 越來越邊陲的先生

在婚姻關係中，Tina 希望先生能當她生活的夥伴、教養孩子的夥伴，認為先生當時是閃一邊，仍在獨身的世界，沒有做她的先生、做孩子的爸爸，但先生要Tina 支持他的社交、老家的情感維繫，Tina 只能更投入做母親、家務，與孩子的關係越綁越緊，推先生位移時，先生就越跑開。夫妻兩人的情感需求都向外求，太太投入孩子，先生投入朋友、親屬，兩人的關係是虛的，如果兩人相互拉距、爭輸贏，就無法相互體諒，無人先委屈求全，只有彼此累積不滿與委屈，關係越走越遠，先生在自己建立的這個小家庭的位置也會越來越邊陲。

● 經驗自己的脆弱，關係中的失控感

幸好，Tina 願意先打破現狀，若只有個人來討論關係問題，絕不是檢討任一方，時常個人來談的一方容易讓心理師認為是對方讓他如此，花時間檢討對方，

但系統取向的婚姻諮商師會用發展的眼光帶個案看關係的變化，用關係循環共構的觀點看到兩人是互補或對稱的關係，雙方於目前關係結果中的各自貢獻。所以與Tina探討她面對關係的作為，帶來的結果是如何，怎麼會越面對越不如己意；看見夫妻是如何相互影響、被影響，探討過程中需要面對自己內在的脆弱、經驗。「我無法運用自己的能力來處理關係」「無法掌握關係走向的失控感」，這對自覺自己很有能力、自尊敏感的人來說，面對內心、自我覺察是很不容易的，但期待關係轉變要先幫自己從關係困境中脫困開始。

Tina的自我思考方向：

1. 對於親密關係，個人的內心需求為何？
2. 當期待婚姻往自己的理想走，卻未達理想時，內心痛苦，在做法上引發了先生什麼樣的回應？先生的回應又引發了自己什麼樣的回應？

家事法學者告訴你

相愛容易相處難，兩個成長背景不同的人，結婚後必須朝夕相處、面對他方不同的習性，本件Tina渴望的是婚後小家庭的甜蜜生活，而Tina先生卻想維持單身時的自由生活與自我空間，繼續跟著兄弟們打球、餐聚、甚至聊天到夜半。

婚姻生活是讓夫妻自我修練的場域，尤其當夫妻間已有子女的時候，再也不能任性地說，「既然個性不合就離婚，一輩子老死不相往來」。本件Tina認識到自己的婚姻發生危機，積極的尋求婚姻商談資源，是讓本件婚姻起死回生的重要關鍵，但如果Tina或是她的先生不是尋求婚姻商談資源，而是直接訴請離婚的話，是否就只有離婚一途呢？

依照我《家事事件法》規定，如果當事人直接向法院請求離婚，會被視為聲請調解，這時候法院會安排調解委員和想要離婚的當事人進行調解，法院有時也會安排當事人去上親職課程，或接受心理諮商輔導，讓當事人可以回復理智，因為在高漲的情緒下無法冷靜討論事情，反而會流於意氣之爭。

因此當決定要進行家事調解時，建議要注意下列事項：

一、覺得自己可以冷靜以對的時候：如果存心要去羞辱、指責對方，只是拉長戰線而已，於事無補。

二、明白自己真正想要什麼的時候：如果你覺得對方還欠你一個道歉，前提必須弄清楚誰是誰非。

三、清楚自己愛子女更勝於恨配偶的時候：要幫助孩子瞭解離婚不是他們的錯，並把孩子的需求放在首位。

有一個故事是這樣的，兩個騎士同時看到一面盾牌，看到盾牌正面的騎士說盾牌是白色的，但看到盾牌另一面的騎士卻發現盾牌是黑色的，二個人都聲稱自己沒有錯，二人大打出手終於兩敗俱傷臥倒在地，此時才發現原來盾牌裡外有黑白兩種顏色。原來世界上的事情，眼見為憑但未必為真，我們認為的真理有時候未必是唯一的，可能自己也有錯，因此婚姻問題經由婚姻商談或家事調解即可藉此機會釐清。國人面對心理情緒問題，很少主動尋求心理諮商輔導，藉由婚姻商談或家事調解可以先處理情緒，再處理法律爭議，足見未來婚姻問題非常需要心理和法律專家的合作與協助。

1-2

為了將來，更需要從長計議
有哪些保護資源可以遠離家暴？如何尋求協助？

在離或不離的反覆糾結後，「等待時機、從長計議」，是莉亞的選擇。

莉亞從海外隻身遠嫁來台，面對先生的謾罵與各種不合理的對待，她考量現實，決定為了孩子咬牙忍下。但她也在獨立自主的道路上，逐漸做好準備，不管別人怎麼說，她的人生，要由她自己決定。

女孩的夢想

莉亞來自東南亞國家，是別人口中的「新住民」。

由於家裡的經濟狀況，她從十幾歲就數次中斷學業，小小年紀就讓自己變得堅強、負責。從幫忙家務、再到擔任工廠女工來支撐家庭經濟……，在那些所謂「貧困」的標籤底下，莉亞是個精明能幹、又充滿夢想的女孩。

她來到台灣時，才剛滿十九歲。

從小就看起來乖巧順從的莉亞，其實心中有好多好多的想法。她期待改變自己的命運、想要擁有光明的未來，她不想被認定成村婦，也不想一輩子貧窮，當時在眼前出現的台灣人丈夫，就像即將帶她遠走他鄉的白馬王子，

丈夫是個比她大了二十一歲的中年人，這是對方第二次結婚，但因為對方承諾會像疼愛女兒一樣地照顧她，莉亞並不在意。而丈夫又立即送上一千美元作為聘金，回憶起那時候，莉亞說，她以為自己很幸運，遇到了慷慨大方又明理的男人。

坐船、坐車、坐飛機、坐火車、坐車……，經過好幾次轉乘，莉亞終於在一天一夜後抵達了夫家。她看著這幢三層樓的透天別墅，這就是她夢寐以求的家，如同王子和公主的城堡一樣，要在這裡展開新生活。

莉亞努力適應環境與習俗，也忙碌著學習華語和老公的家鄉話。一開始，兩人的日子平淡但也過得去，莉亞來到台灣三個月，女兒已經來報到。

婚後的改變

兩年後，兒子出生了，不知為何，莉亞原本的日子也逐漸變質。

老公開始變得喜歡碎碎念又東挑西揀，莉亞原本以為是因為老公工作不順，但老公的狀況越來越差。「你就是爛人賤貨！」

「騙我錢，還騙不夠嗎？」

「怎樣？是缺你住？缺你吃？為什麼要做那麼多份工作？馬上辭掉麵店工作，不然就讓你好看！」

當時看起來可靠的丈夫變了個樣子，什麼難聽的話語她都聽盡。

丈夫自從結婚後，工作越來越不穩定、時有時無，於是開始酗酒，還有上網無止盡的打電動。一旦酒後求歡被拒，丈夫就失去理智。

不只如此，即使是丈夫清醒時，行為也是不斷變本加厲，不只嫌棄、羞辱、罵她是垃圾或飯桶，要是莉亞偶爾回話，更少不了一陣推打。

莉亞一直搞不懂，事情為什麼會變成這樣？先生的狀況越來越差，成了一個極端自卑又自大的人，她偷偷哭泣，不知道日子該怎麼過下去。

變醜、變臭，卻沒有用

兩人的衝突越演越烈，無論口角還是肢體衝突，都越來越嚴重。

丈夫常常白天道歉，晚上又動手。

不定時地要求行房，不顧念兒女睡在旁邊、不顧念她的生理期、不心疼她的睡眠品質……，只要莉亞稍有反抗，他就伺機爆發，想置莉亞於死地。

最後，莉亞甚至要求老公乾脆掐死她，因為她沒有自己尋短的勇氣。為了避免那些過分殘忍的對待，莉亞在兩年內增胖了四十公斤，也刻意用極端的手段讓自己變醜、變臭，竟仍無法阻擋那些變態的行為與羞辱。

莉亞的兒女也出現了狀況，經由兒女的學校通報、社工訪視之後，我們認識了莉亞。

等兒女長大，再做考慮

社工協助聲請保護令、受暴安置、訴請離婚，但丈夫不斷要孩子打電話，哭泣哀求莉亞回家，保證不會再動手。莉亞想想如果離婚，她一個人帶著年僅六歲及八歲的兒女，是無法生活下去的，就像老家的三位姊姊們，分別離婚後只能投靠娘家，造成父親極大的負擔。莉亞不願意再讓娘家的人操心，也不捨兒女交由酗酒的丈夫照顧，因此撤回了保護令、離婚案並返家。

莉亞認為既然男人不可靠，就只能靠自己了。

她更加倍積極地找工作，無論是洗碗、打掃、臨時工，只要有錢賺。莉亞不挑工作，她的目標是維持每年仍能寄回孝親費，接下來就是補貼自己和孩子的生活費。

即使現今生活「像個乞丐、像個妓女」，她都還能繼續忍受。而對極為堅韌的莉亞來說，她甚至有時會可憐與不捨老公。就像遠在老家的父親，丈夫也是個樸實簡單的鄉下人，他曾經是拯救她脫離貧困的貴人，那麼丈夫因失業，出現抽菸、酗酒等等惡習，甚至對她暴力相向，就當作是還上丈夫的一筆恩情債吧。

在現實面前，莉亞尚未放下一切，極為重視兒女的莉亞，付出並非沒有回報，一對兒女都支持她，偶爾也會幫她發聲，她在等待孩子長大帶她離開。

心理師想說

新住民莉亞面對婚姻暴力、各種不當對待，尋求相關保護、甚至訴請離婚，最後仍選擇繼續留在婚姻中。她說在等待自己於經濟能力足以支撐離開後獨立養育孩子，以及等待子女長大帶她離開。她能說服自己留在痛苦婚姻中是她合理化先生的對待，如先生曾拯救她脫離貧困，並將不合理的對待當作還債，另將孩子為她發聲當作忍耐的回饋。

● 把每一天過好，有飯吃、有收入才重要

飄揚過海到陌生國度的新住民，有著對婚姻、組建自己小家庭的夢想，當她主動提離婚時，要考量的除了現實層面的經濟因素之外，相信莉亞內心有很多擺不平的矛盾。即使有政府付費的資源讓莉亞進行內在自我探索，但莉亞現實生活中兼三份工作，還要照顧孩子的起居，並沒有條件探索個人內在需求與矛盾。對莉亞來說，選擇關掉內心真實的聲音、面對現實，先把每一天過好，有穩定收入支撐小家與老家是目前最優先的。

● 受苦的父母親，孩子無法快樂

但持續在婚姻中，孩子長期看見母親受苦、遭受父親的暴力對待，又有何影響？如果莉亞告訴孩子：「我都是為了你們忍耐這痛苦的婚姻」，孩子會有很深的罪惡感，「我的存在讓母親無法離開這不幸福的婚姻」，有些孩子甚至會恨自己的出生，而形成低自我價值。

理想上，父母要當孩子情緒的容器，承接孩子各種喜怒哀樂，當角色倒轉，孩子成了父母情緒的容器，承接了父母的痛苦、憤怒、悲傷，加上自身無法阻止痛苦發生的無力感、自責感、羞恥感等複雜情緒，孩子無法消化時，就常見往內自我攻擊如自傷；往外傾洩如暴力對待他人。這些孩子小小肩膀上帶著拯救母親的使命成長，父母不快樂，他們也無法快樂，孩子以一起受苦來與父母產生心理連結，致使這些孩子長期面臨關係上、情感上的界限議題。處於婚姻痛苦中的父母必須認知到，這是自己無力處理好的人生課題，千萬別對孩子說：「我都是為了你」、「都是因為你」……，因為這相當於告訴孩子，「我的不幸是因為你的到來」。最後，如果你是在苦痛家庭中成長的孩子，請告訴自己，「父母的幸福或不幸，不是我的責任」。

莉亞的自我思考方向：

帶著孩子離開時要面臨的挑戰，以及持續讓孩子目睹家庭暴力，何者對孩子的負面影響最小？

家事法學者告訴你

依據移民署的統計，截至二〇二二年五月止，我國外籍配偶人數已超過五十七萬人，外籍配偶離鄉背井與文化、思想、生活習慣完全不同的台灣人結婚，很容易產生摩擦。而本案莉亞的台灣丈夫加諸莉亞的行為，已非單純文化差異的摩擦，莉亞丈夫的行為不僅構成家庭暴力、妨害性自主，莉亞更可據此向法院請求離婚。但莉亞考量如果離婚，她一個人帶著一對年僅六歲、八歲的兒女，是無法生活下去的，為了不讓娘家的人操心，且不捨兒女交由丈夫照顧，因此撤回了保護令、離婚案並返家。

莉亞雖然選擇回家，且為了擺脫丈夫的糾纏，讓自己變胖、變醜、變臭，但仍然無法擺脫丈夫變態的行為與羞辱，為此莉亞只能積極找工作，希望能夠維持每年寄回孝親費，並補貼自己和孩子的生活費。然而可以預期莉亞的丈夫改過自新的機率很低，故態復萌的可能很高，因此，莉亞除了消極地等待孩子成長帶她離開之外，如果丈夫變本加厲傷害莉亞或小孩時，莉亞有必要預先瞭解如何尋求法律資源，以保護她自己與小孩。

所謂法律的保護資源，就是啟動「家庭暴力防護網絡」，莉亞未來如果再遭受丈夫暴力相向，可以立即向警方報案，警察受理莉亞遭受暴力傷害的報案後，在法院核發緊急保護令前，應在被害人住居所守護，或採取其他保護被害人或其家庭成員的必要安全措施（《家庭暴力防治法》第四十八條），警察協助的項目包括就醫、驗傷、聲請民事保護令、接受心理諮商及準備法律訴訟相關事宜。

當莉亞打電話通知警察前來處理時，莉亞即自動進入家庭暴力防治中心所提供的整體服務網絡，莉亞無需自行摸索需要接受何種協助，以及應該去向哪些單位求助，都會獲得即時協助。危機處理完後，有關被害人的相關協助與補助，例如，緊急生活扶助費用、訴訟費用及律師費用、安置與房屋租金、非屬全民健保給付之醫療費用與心理諮商、輔導費用等（《家庭暴力防治法》第五十八條），對於有就職意願者提供預備性或支持性之就業協助（《家庭暴力防治法》第五十八條之一），均應繼續提供或轉介，讓莉亞能早日擺脫家庭暴力，重新開始新的人生。

1-3

能不能原諒對方，其實與過去的自己有關
雙方都有責任時，誰能主張離婚？

志雄是位四十歲的公務員，說話慢條斯理，是被太太聲請保護令的家暴相對人，他接受保護令開庭的社工陪同、個別諮商的服務，向我們說出與妻子間的衝突。

太太外遇了，我們選擇繼續在一起

那天，我們第一次見到志雄。

他面色憂愁、話也不多，獨自坐在法庭大樓的開庭等候室裡。

志雄不太願意看向我們陪庭社工，眼神直勾勾地注視向前方。一開始，他也

不太願意說出與妻子發生衝突的原因。他只是偶爾回話，重複說著：「我不太想講。我真的很氣，妳聽了也會很生氣……」

只是，雖然這位先生嘴上說著很生氣，但我們看得出，這位先生心裡其實有許多的憂愁與悲傷。

後來我們才知道原因：志雄的太太背著他外遇了，兩人因此發生許多衝突、爭吵不斷，志雄成了保護令相對人。

「當我知道我老婆外遇的時候，我內心真的很痛、很痛……」

「現在我在家都不知道要如何跟我老婆相處。」

「我看到她，我就會心情不好，會很難過。」

「所以我才會去查她的手機啊……」

「搞得我都睡不好、也無法專心工作……」

「我為此都瘦了七、八公斤……」

志雄不知道為什麼太太會外遇，更不知道為什麼自己明明選擇了原諒太太，心裡卻還是那麼難受？為什麼自己明明不希望太太離開，卻會對她動手？

社工，我該怎麼辦？

對我們卸下防備的志雄，後來向我們緩緩道來他發現妻子外遇後，家中發生的事情。而從他的言談與動作中，我們也能感到他的混亂，甚至無助。

即使太太外遇，志雄也並不想和太太分離，他選擇了原諒太太，也去找了那名第三者，告訴他不要再來找太太了。

「可是，當我看到我太太時還是會難過。」志雄說。

志雄與太太的衝突並未在他選擇原諒後結束，反倒越演越烈。

「我們會因為一件小事就吵起來，之後我就動手打了她，她就來法院聲請保護令……」

「現在我老婆想要跟我離婚，可是我不想要她離開我。社工，我該怎麼辦？」

對志雄來說，這一切都太混亂、太困難，他不理解事情怎麼會發生、怎麼會如此難以把握。而他嘴上雖然說著早已原諒妻子，行為卻似乎還無法真心的原諒，腦中的想法與內心的期望無法平衡，志雄的行為開始失控，兩人的關係也就更難以修補。

互相坦誠、共同面對

志雄心中雖然有許多氣憤與憂傷，但也說他還是很愛他的妻子，他不希望自己一輩子努力建立的家就這樣毀了，也不希望孩子就此成為單親家庭。

在社工與心理師的協助、陪伴，還有志雄自己的努力之下，他開始願意面對彼此關係。

後來我們也邀請了太太和志雄一起來做婚姻諮商，兩人都願意再嘗試溝通、嘗試對話。後來志雄又和我們碰面，他說：「我跟我老婆和好了。」

雖然在閒聊的過程中，志雄大多的時間都在抱怨與咒罵那個與妻子有不正當關係的第三者，但他也告訴我們，他最終還是選擇原諒他的妻子，兩人溝通後也有了共識，要再嘗試一起生活下去。

原諒對方，也療癒童年的自己

剛開始接受諮詢時，反覆說著不想和太太分開的志雄，用力說著自己如何努力維護一手建立的小家庭，但經歷太太的背叛之後，當年那個內心的傷口開始被撕裂致滲血了。

回顧志雄的婚姻狀況，看似十多年來的平淡，直到雙方嚴重衝突時，志雄對太太使用暴力。他懊悔自己的失控，談起童年的目睹家暴經驗，他痛恨當年父親以暴力對待母親，小小的他早在心中立誓：長大以後絕對不能跟爸爸一樣，如今，他卻跟爸爸一樣了，使用暴力對待太太。跟我們分享這段童年經歷時，他低頭嘆氣、自責不已。

即使志雄是家暴相對人，我們從他身上，也看到了一個曾經受過傷害的人。反覆說著「我不知道該怎麼辦」的志雄，就像當年面對父親施暴時，那個在門後默默哭泣、恐懼又無助的小男孩。

但志雄忽略了數月前他對太太動手時，門後同樣有一位哭泣、恐懼又無助的男孩，也就是他十歲的兒子……

歷經這次婚姻的危機，志雄開始面對自己，太太也願意一起修復關係，而使婚姻開始有了轉機。

心理師想說

太太的外遇傷了志雄、傷了婚姻關係，同樣的，志雄用控制、暴力的方式來處理可能失去太太的焦慮不安，志雄與太太都受傷了。

• 獄卒與犯人

志雄處於「我挨了一刀，我原諒你，但我擔心再次挨刀」「你是做錯事的人，你理應為我的不安負責」，行為上如溺水人的不當反應，拚命要抓。志雄也如獄卒般使用監控、質問的方式來面對太太；太太如犯人般的處於「我做錯事了、我不會再犯，我理應接受你的任何拷問」。志雄生活中很容易被相關人、事而勾動內心的不安，難以停止追問外遇相關情事，不管太太說與不說、說了什麼，志雄自己也相當痛苦，兩人深陷於痛苦中，雙方都承受不住，衝突就加劇。這來自被背叛者潛意識想讓背叛者處於同等痛苦中，讓背叛者了解「你這樣做，我會有多痛苦」。所以面對外遇事件後的關係修復是極不容易的歷程，需要婚姻諮商師的協助。

• 我們的婚姻怎麼了

若雙方承諾走向修復之路，一方需承諾停止外遇，雙方都承諾修復，願意共同面對、檢視婚姻關係，而不是期待心理師搞定對方，例如讓對方不要再提、不要再想就沒事，或讓對方交代事件細節，如此婚姻諮商歷程就會脫離了「我們」、「關係」、「互動」，而在檢討個人。因此面對「我們的婚姻」，重建信任是極為艱辛的事，諮商如同走山路的上上下下，面對關係的真實、面對婚姻是有雜質的，而不是把外遇事件歸因於第三者的破壞。夫妻共同攜手往前面對不可知的前路，需要耐得住，而有些夫妻在修復路上可能就決定分道揚鑣了。

● 超越童年的無助

志雄願意進行個別諮商，探索童年目睹家暴的自己，了解親密關係中重蹈當年父親對母親的施暴，志雄是想要超越並走出與父母婚姻不一樣的路。除了意願，心理素質能探索這些心理深層的需求，不再使用暴力，就能避免讓兒子再重蹈覆轍，阻斷暴力的代間循環。

志雄的自我思考方向：

1. 我們的婚姻出了什麼問題，讓第三者可以進來？
2. 童年的自己受了什麼傷？希望藉由婚姻關係修復童年受傷的自己嗎？

家事法學者告訴你

本案因志雄太太外遇，志雄動手打了太太，顯然雙方都有責任。假如只有外遇的太太有錯，她可以主張離婚嗎？根據我國《民法》第一〇五二條第二項：有前項以外之重大事由，「難以維持婚姻者，夫妻之一方得請求離婚。但其事由應由夫妻之一方負責者，僅他方得請求離婚。」換句話說，只有請求離婚的人有責任，被請求的人沒有責任或責任較輕時，是不能請求離婚的。這個但書的規定是否侵害憲法的婚姻自由？憲法法庭一一二年憲判字第四號判決認為限制唯一有責的人永遠不能請求離婚顯然過苛，應該於二年內修法。

日本《民法》並沒有前面所說但書的規定，承認有責任的配偶可以主張離婚，但依據一九八七年九月二日日本最高裁判所（最高法院）的判決有三個門檻：

第一，結婚期間十二年與分居期間三十六年其年齡與期間顯不顯當（分居期間越來越短）。

第二，無未成年子女存在。

第三，法院判准離婚會造成他方精神、社會、經濟的狀況極端苛酷，明顯不符社會正義。

我國最高法院認為只有責任少的人可以向責任多的人，或者責任相同的人才能主張離婚，但這種見解是對於這個但書做不當的解釋，限制原來可以主張離婚的人。

固然做錯事的人如果還可以請求離婚，婚姻制度將蕩然無存，但現行我國《民法》一〇五二條第二項但書應該僅限於原告一方唯一有責的情形，若雙方均有責或無責，都不能適用，都可以主張離婚。

因為有時候責任難分輕重，先生先外遇性交一次，太太後來報復外遇性交二次，或者先生家暴，太太外遇性交，究竟哪一個責任比較重呢？有時很難分清楚。因此一〇五二條第二項但書應該刪除，並搭配上述日本的門檻規定，或者德國法的「苛酷條款」。但從長遠來看，將來應該導入分居制度，將「難以維持婚姻」這種抽象的規定具體化，若分居達一定期間而且沒有構成苛酷事由就可以主張離婚。

本案志雄雖然選擇原諒太太，但因為心裡仍存有芥蒂，會因為小事吵架，甚至動手打人，此時縱使太太外遇，太太應該也可以請求離婚。本案志雄與太太願意一起修復關係，小孩避免被迫選擇父母是件好事，但建議雙方應該尋求心理諮商師的協助，這個婚姻才能繼續走下去。

1-4

我們的婚姻沒有問題才是問題

聲請保護令要有那些條件？有保護令就可以離婚嗎？

五十六歲的老李是我們接觸到的保護令相對人，他對於自己太太聲請保護令一事，是既摸不著頭腦，又不知所措。

在他的認知中，他的行動都是出於擔心和關懷，不知怎會有這麼大的誤會無法解開，他的太太怎突然變了？

婚姻的樣貌，如人飲水

那是一個普通的午後，我們依照慣例聯繫數案保護令相對人，其中一位老李欲言又止，他的聲音聽起來有些著急：「社工，我現在……方便去找你嗎？有些事情……我覺得……面對面說會比較清楚，而且我跟太太之間有誤會。」

想要澄清誤會的老李下午臨時請假，要來找我們面談，除此之外，他也寫了一份陳報狀，打算要順道親送法院。這使得我們有些好奇，是什麼原因讓老李如此心急？

老李短短四十分鐘便抵達協會。要開始面談時，他單刀直入地表達了擔憂，也透露一絲他對婚姻的想像：「社工不好意思，我確認一下，你結婚了嗎？我在想你若沒有婚姻，可能沒辦法體會我的處境跟做法。」

看見家人等我吃飯就很幸福

老李談起了他的婚姻生活。

他和太太已經結婚近三十年，從新婚、獨生子長大、太太逐漸轉移生活重心……雖然日子不是一帆風順，但在老李眼裡看來，兩人也是互相扶持。

「我太太原本是家庭主婦，幫忙照顧小孩及打理生活。」

「我每天下班揹著疲倦回家，但看到太太跟兒子等我一起吃飯，我就覺得很幸福、很滿足。」

依照老李的回憶與觀點，雖然他和太太偶爾會因為育兒問題意見不同而爭執，但生活還算穩定，他也心滿意足。

後來隨著孩子長大、去外地讀大學，太太覺得家裡只剩夫妻倆，便想要轉移生活重心、找份工作分擔家用，也賺取自己的生活費。

老李說太太很早就和自己結婚，「她婚後為家管，且工作經驗又不足，找工作不容易。」

而面對太太二次就業的難處，老李表示，「在我的幫忙及介紹下，建議了太太在我公司的不同部門，應徵類似零工的工作。」後來太太也順利通過面試，兩人成了同公司的同事，有了新的身分。

「我認為我們的婚姻沒有問題」

只是，太太「出門工作」這件事，卻似乎隱隱成了老李不滿的開端。老李既認為太太能應徵上現在的職位多少有自己的幫忙，他也每天都載太太一起上下班。但到了去年七月，太太提出「不用麻煩他」、要自己上下班的要求之後，老李與太太的衝突，或者說老李的焦慮便逐漸浮現了。

「我雖然覺得不對勁，但也同意太太的要求啊。所以我常會利用休息時間去探太太的班。」

據太太向老李描述的說法，與她相談甚歡的男同事「喜歡的是男生」，且兩人年齡差那麼多，就只是職場上好聊天、開玩笑紓壓的好朋友。但在老李的眼裡看來，「就算我在場，他們還是一直聊天」，讓老李頗不是滋味。

老李不相信那位男同事，也怕太太出軌，他開始會到部門當面警告那名男子。同時，老李也開始經常打電話問太太行蹤，也請太太若上班，「出門都要和我報平安」。

太太受不了老李的行徑，聲請了保護令，也搬回了娘家居住。但老李真心不明白這是怎麼回事，「我去太太娘家找她，也被她認為是騷擾。太太甚至還跟我說她想要離婚……我真的很冤枉！」

老李從傳統性別分工的責任出發，他說，雖然和太太平日很少有交集，但他還是能做好「丈夫的本分」、好好工作照顧這個家。因此老李也說：「我認為我和太太婚姻狀態沒有問題，我只希望我太太回來同住，不然在公司同事也會看我們笑話。」

有人傾聽，多少舒服一些

聽過他的心中苦水，我們還是提醒他，某些行為可能會構成保護令聲請要件。

老李嘆了一口氣，他說打算把剛才跟我們談過的內容，寫在陳報狀上，待會就要去遞狀。「我只是想讓法官知道事情的來龍去脈，我現階段先配合保護令調查，後續看有需要幫忙的地方，我再主動跟社工聯絡。」

對老李來說，他認為他只是擔心太太、想要得到一個交代，而他做為丈夫又沒有「失職」，婚姻也沒有問題，太太怎麼會聲請保護令？老李又聽朋友說，要是法院核發保護令，太太可能會以此再向法院訴請離婚，一想到此，老李就吃不下飯了……

心理師想說

老李個別來談，有著他對婚姻、與太太關係的自定義，可能也展現他與他人關係的特質。老李與太太於婚姻家庭中的分工是太太長期扮演照顧者的角色，如操持家務、照顧孩子，老李負責家中經濟，老李經驗到的是這個家與婚姻安安穩穩的度過二十年，直到孩子離家念大學、太太外出工作後，家的平衡被打破了。這變動引發了老李的不安，於是老李會打電話問太太行蹤、要太太報備行蹤，老李自認為是關心，但對太太來說已是精神上的騷擾。從更大的文化與社會觀點來看，我們對男性的要求是「要有男性氣概、擔任一家之主、聽我的」，老李此時面對太太及社會文化的轉變有其轉換的困難。工作者在陪伴老李時，可以陪他去看他這一路走來，「自己」對婚姻關係的影響，而不是一直在說「太太如何又如何」，將關係的變化歸因於太太個人。

●中年覺醒

很多夫妻一到孩子離家的空巢期，原本以孩子為重心的家庭生活，剩下兩夫妻的獨處，有些夫妻不知道如何相互靠近與親密，或許兩人已太久沒有心理上的靠近，或過去沒有這樣的靠近經驗，孩子離家後反而不知道如何相處。有的先生是期待孩子長大離家後，終於等到太太可以將重心由照顧孩子轉回照顧他，但常見如老李的太太開始尋找自己的自主性、外出工作、拓展自己的人際圈，如日本的「卒婚」——從婚姻責任中畢業。「卒婚」起源於日本女性想從家務中解放，在不離婚的前提下各自生活。然而老李的太太外出就業後面對老李行為上的控制，聲請了保護令、想要離婚，一連串的變化讓老李措手不及，於是他緊抓著「我的婚姻沒有問題，只要太太回來就一切沒事」的念頭，而太太則是想藉由司法來處理婚姻。

• 離開對錯，面對關係的真實

如果有機會，可以讓雙方一起談談經歷這些變動後，彼此對婚姻關係的期待。因老李認為自己在丈夫角色沒有失職，為什麼太太要離婚呢？當夫妻面對婚姻離合的討論，站在對錯的位置，一方指控、一方辯解，雙方就失去與關係真實的連結，也失去彼此的連結與同理。

老李的自我思考方向：

1. 這三十年的婚姻與兩人世界是按照誰的意志在走？有沒有加入對方想法？
2. 對於太太外出就業、不需要接送時，自己內心擔心不安的是什麼？如何處理這不安？

家事法學者告訴你

所謂「保護令」是指由法院所核發的命令，藉以保護家庭暴力被害人人身安全與相關權益，可以區分為「通常保護令」「暫時保護令」及「緊急保護令」三種。

關心自己太太應該被認為是很平常的事，本案對老李來說，他認為只是擔心太太而已，太太卻受不了他的過度擔心，聲請保護令，並搬回娘家居住，他去太太娘家找她，希望太太回來同住，也被太太認為是騷擾。因此，本故事有二項重要問題有待釐清：第一，老李關心太太的行為是否構成家庭暴力？第二，老李可否要求太太回來同住？

一、關心行為是否構成家庭暴力

所謂「家庭暴力」是指家庭成員間實施身體、精神或經濟上之騷擾、控制、脅迫或其他不法侵害之行為，《家庭暴力防治法》第二條定有明文。對於老李而言，他認為只是關心太太而已，但對於老李的太太而言，這種關心是否構成精神上的騷擾，應該由老李太太的感受來判斷，而非以老李的感受來判斷，而且老李太太若已經明確告訴老李不要再過度關心的話，老李仍然不聽勸阻，就有可能構成精神上的騷擾，因為保護令的核發要件，無須達到刑事有罪判決相同的證明程度。就一般而言，通常保護令必須開庭審理，也會通知相對人（即加害人）到法院開庭，如果被害人不想和相對人一起開庭，則須在聲請狀中註明，至於暫時或緊急保護令得不經開庭審理就可以核發，但如果法官認為聲請狀內容，有必要開庭訊問當事人時，仍會通知當事人到庭陳述意見。

二、可否要求配偶返家同住

夫妻互負同居之義務，但有不能同居之正當理由者，不在此限，《民法》第一〇〇一條定有明文。所謂正當理由，例如到國外出差、遠洋捕魚、服兵役等均屬之。如果因為他方有家庭暴力的事由，也構成不能同居的正當事由。本案如果老李太太聲請保護令並獲法院核准，就構成不履行同居的正當事由，此時老李就不能要求太太返家同住。至於法院核發保護令後，雖然老李太太可以據此訴請離婚，但法院仍要審酌是否已經構成不堪同居的虐待，或婚姻難以繼續維持，並非有保護令就可以離婚。

1-5

你以為的你，並不是我眼中的你

核發保護令的目的是什麼？違反規定會怎樣？

長得有點像小熊維尼的熊爸，在陌生人眼中，是個和煦溫暖的好好先生。可是，近期太太卻對他聲請了保護令。

從困惑到接受，熊爸的心中似乎經歷了一趟奇妙的心理旅程。無論太太是否還會回頭，至少熊爸多少明白了如何照顧自己的情緒，也懂得善待自己、善待他人。

相處四十年，衝突一直在

由於熊爸被太太聲請了保護令，他在法官的安排下，參與了我們辦理的支持團體。

在團體課程上，熊爸無論是對待社工、老師，還是學員，都非常的客氣，也很健談，當同學在生活上遇到困難時，熊爸總不吝提供他的建議或想法，甚至熊爸還曾帶自己種的水果，來跟學員們分享。

也因為熊爸如此親切，讓人更好奇究竟是發生了什麼事，才讓他在法庭上怒吼，說「我要和我太太離婚」？

時間拉回保護令開庭前，我們問熊爸，是否知道太太聲請保護令的原因？「我知道啊！」熊爸的回答似乎了然於心，卻句句都是忿忿不平。

那天熊爸和太太正整理家裡，熊爸語氣中帶著抱怨：「我太太不知道怎麼搞的，把我工作的一些木材給燒掉了。我就罵她到底懂不懂得工作人的辛苦？不懂賺錢人的辛苦還亂燒東西，我就將她趕走。」

熊爸表示自己明明沒有動手，太太卻要告他家暴。

「他們走之後，就突然有警察來，說我不可以待在我太太家，因為我太太對我聲請保護令。」熊爸的聲音聽來，既覺得無辜，又覺得不滿。

四十年的婚姻，卻越磨越不合，令熊爸困惑不已。

你不知道我眼中的你

法庭上，熊爸的太太述說了過往熊爸與家人相處的情形。原來，從太太的角度來看，熊爸脾氣既火爆又大男人主義，除了總是用罵的對待妻兒，還要求一切都得依他的要求做事。甚至就連把妻子和子女趕出家門，都是時常發生的事。

太太曾經因為被趕出家門，只好帶著子女在外居住民宿，在太太眼中的熊爸，和對陌生人的友善樣貌並不相同，反而是個情緒容易暴怒的人。熊爸和妻子間並沒有良好的雙向溝通模式，而妻子默默忍受，這麼多年來，火山總是有一天會爆發。

此時的熊爸並不覺得自己有什麼問題，在法庭上，熊爸依然認為當天的衝突是太太的錯，彷彿沒有聽到，在太太眼中，自己是一個怎樣的丈夫或是父親。

在衝突發生那日後，警察便已要求熊爸不能出現在太太家，已經和太太分居一段時間的熊爸，似乎更不覺得有什麼好留戀，他在法庭上吼著，要求和太太離婚。

心態的轉變

我們邀請熊爸來到支持團體，希望透過課程，讓熊爸覺察自身的情緒。這段期間，熊爸的保護令核發下來，我們觀察到，熊爸的想法與心境，似乎逐漸有著許多變化。

熊爸有心態反覆的時期，比如他這次說自己有嘗試聯繫妻子、希望她和子女能夠回來，但到了下一次，他可能又會改口，表示妻子如果一直不回家，自己會向法院訴請離婚。

和藹與暴躁的熊爸反覆出現，但幾次課程下來熊爸似乎開始懂得安撫自己的情緒，在團體課程中，他訴說自己不再那麼容易使用以往妻子口中「什麼都要照他的意思」的方式來發洩不滿。

熊爸偶爾會在課後，跟我們聊聊他過去和現在的生活。熊爸說，以前他是家中的主要經濟來源，從白手起家，到擁有自己的一間公司，說著說著，熊爸忽然眼神堅定，而且語氣溫柔地說：「社工！我現在已經半退休了，我知道我過去可能有些行為或語氣嚇到我太太了，我現在這把年紀了，我只希望我太太能偶爾回來看看我。」

我們其實有些驚訝，畢竟熊爸原本一直不認為自己有錯，也一直吵著要離婚。我們試著問，如果有一天太太回來了，會想對她說什麼？熊爸說，「我會跟她道歉。」

「我會道歉，並且靜下心來，跟我太太討論未來的婚姻生活。希望過往的事情不再提起，也希望未來我們能和平相處並且有良好的溝通。」

隨著保護令裁定核發，團體課程也逐漸到了尾聲。

在最後與熊爸交談時，他目前也仍和妻子分居中，他說等保護令半年期限過了再跟太太聯繫，這半年就彼此冷靜。

心理師想說

熊爸的太太這次聲請保護令的衝突事件是這四十年的婚姻中經常上演的戲碼：將太太、孩子趕出家門，以前都沒事，太太孩子最後還是會回來，但這次不一樣了，於是熊爸不解，而保護令核發及分居也讓熊爸知道這次太太是鐵了心了，熊爸開始正視自己的言行、開始要面對婚姻問題。

- **原諒是一個歷程**

至於熊爸說會跟太太道歉，希望太太就過往事件不要再提起，重新和平相處，需要了解熊爸的道歉是放在「自我的責任」上，還是一種交換：「我都先低頭了，我都道歉了，你也該不計較。」熊爸需要理解即使他道歉，太太有權選擇原不原諒，在《教我如何原諒你？》這本書談到「拒絕廉價的寬恕」。相信熊爸的四十年婚姻中，太太已多次選擇原諒，熊爸必須在行為上有具體的改變，聽進去太太在這樣對待中的受傷，而不是逃避責任、敷衍了事的道歉，以為只要太太回來，我們的婚姻就一切沒事。後續熊爸參加完幾次情緒支持團體，熊爸意識到自己過往的語氣及行為讓太太嚇到了，這覺察很不容易，覺察是改變的第一步。

● 我要離婚，是我先不要你的

當熊爸面臨太太離家後，熊爸說太太和兒女若不回來，他要離婚，在保護令審理時也當庭大聲嚷嚷要離婚，但熊爸真的想要離婚嗎？熊爸習慣四十年婚姻是以「他說了算」的關係互動，所以當熊爸面對與太太關係的失控、太太將離去的焦慮，自己已無法以過去慣有的方式處理時，熊爸為處理被太太拋棄的內在焦慮，以「是我不要你」「你拒絕我、我也拒絕你」的方式，找回自尊、掌控感、關係中的權力，熊爸並沒有真的想要離婚，對太太則是期待偶爾回來看他就好。

故事中的熊爸在團體中呈現的是個和藹親切的人，在太太的眼中卻是個暴怒的人，可見熊爸的情緒展現是有選擇性的。與太太的長期互動中，熊爸怎會只有用憤怒、攻擊來面對才能達到他想要的，怎只能用暴力來找回關係中自己的份量，這是工作者可以協助熊爸探討的。

熊爸的自我思考方向：

1. 我真的要離婚嗎？嚷嚷要離婚，我真正要的是什麼？
2. 與太太的相處中，自己可以重新調整的是什麼？

家事法學者告訴你

本件從太太的角度來看，熊爸脾氣既火爆又大男人主義，除了總是用罵的對待妻兒，還要求一切都得依他的要求做事。熊爸則表示自己明明沒有動手，太太卻要告他家暴，彷彿不知道在太太眼中，自己是一個怎樣的丈夫或是父親。本故事有二項問題均與「保護令」有關，第一，法院核發熊爸太太聲請之保護令是否適當？第二，保護令之內容有何？違反的結果如何？

一、法院核發本件保護令是否合適？

被害人聲請暫時保護令所要求的證據，不需要有嚴格證據證明，只須聲請人說明有正當理由，足認被害人有受加害人家庭暴力的急迫危險，法院就可以核發暫時保護令。而法院在核發暫時保護令後，應即進行通常保護令的審理，就是否確有家庭暴力的事實及有無核發通常保護令的必要，再為調查審酌，才能兼顧加害人的權益。通常保護令的核發，法院是以寬鬆的自由證明法則取代嚴格證明，並不需要像檢察官那樣要證明犯罪嫌疑人有明確犯罪的證據，所以通常保護令聲請人的舉證標準，只要能夠達到優勢證據的「蓋然性」證明程度超過百分之五十的可能性，法院就應該對於聲請人為有利的認定。但暫時保護令仍須依警察人員到庭或電話陳述家庭暴力的事實，有正當理由足認被害人有受家庭暴力的急迫危險才可以核發。

二、保護令的內容與違反的結果

依據《家庭暴力防治法》第十四條之規定，法院於審理終結後，認有家庭暴力之事實且有必要者，應依聲請或依職權核發包括下列之通常保護令。例如，禁止加害人再度實施家庭暴力、禁止相對人對於被害人等為騷擾、接觸、跟蹤、通話，或其他非必要之聯絡行為、命相對人遷出被害人等之住居所、命相對人遠離被害人等之住居所或保持特定距離、酌定物品使用權、暫定親權、暫定探視權、給付扶養費、交付財物損害費、命相對人完成加害人處遇計畫（處遇內容包括認知教育輔導、親職教育輔導、心理輔導、精神治療、戒癮治療及其他輔導、治療）、負擔律師費、禁止相對人查閱被害人戶籍及所得來源相關資訊及其他必要之命令等。至於違反保護令，刑事構成違反保護令罪，將被罰金或處三年以下有期徒刑，民事則需負擔侵權行為之損害賠償責任。

1-6 吵吵鬧鬧了一輩子，還是無解嗎？

法律上，離婚區分為三種類型

面對衝突，許多人採取不同的策略。有人逃避、有人攻擊、有人溝通未果……老胡和妻子翠花的生命經驗，就是一場我們或多或少都聽過的故事。

那個年代，怎好不忍

下班後，老胡的生活愜意悠哉。

他在客廳看著電視、一邊「聲控」妻子處理瑣事、偶爾念念太太：「你打掃怎麼會掃得這麼不乾淨？」對在以男性為尊的傳統文化中長大的老胡來說，這一切都太理所當然，女人本就該是「賢妻良母」，更何況太太既然是全職主婦，自然該把家中瑣事和兩個孩子都顧好。

而對妻子翠花來說，若先生好好為家人打拚，那也都好說話。只是，某次她發現先生竟有外遇，成了兩人未來數十年衝突的導火線。

那天晚上，翠花將孩子安頓入睡，接著她走向客廳，在老胡身旁不近不遠的距離坐下。

「你老實說，是不是有外遇？」

老胡正覺得氣氛怪異，妻子便開口質問。

翠花生氣地看著老胡，她一語中的，就連老胡的外遇對象是誰，她都指認得出來。

兩人經過一番對話，翠花提出了離婚的訴求。

怎知老胡的反應彷彿無賴，他說：「要離婚，可以。那妳拿出一千萬給我，我就答應妳。」

老胡矢口否認自己外遇，回應也以退為進，聽似同意妻子離婚，卻加諸了一個極為不合理的條件。身為全職主婦的翠花，怎拿得出那麼多錢來？

翠花心中經過許多天人交戰，那是個民風非常保守的年代，往往認為離婚的女性「有問題」，於是她想，離婚這件事要是被家族、鄰居知道了，會是多丟臉的一件事？

在那樣的社會風氣下，翠花只得接受丈夫外遇的事實。她為了維持傳統家庭觀念、維持所謂「家的完整性」，選擇忍了下來。

兩人沒能好好溝通，僅由翠花單方面吞忍，衝突自然沒有解決。經過這次事件後，夫妻間情感的流動漸漸凝滯，老胡對翠花的要求也跟著變本加厲。

夫妻兩人的生活越來越常因為瑣事發生爭執，甚至老胡曾將妻子趕出家門，兩人劍拔弩張的互動，似乎沒有結束的一天。

立場交換，卻仍然衝突

淑芬嘆了一口氣，她正是兩人的女兒。翠花最近提出了保護令的聲請，而上面那些事件，都是淑芬在我們進行社工家庭訪視時，與我們分享的家中兩老感情故事。

「這就是五十年前我父母感情不好的開端，至於印象為何這麼深刻？是因為我母親以前常常跟我們小孩提起。」短短一句話，似乎反映了當時翠花的無奈。夫妻感情不睦或是丈夫外遇，都難以對外人道，只希望家中孩子能明白自己的苦處。

然而，如今兩人年事已高，夫妻間卻仍然感情不好、衝突不斷。淑芬繼續和我們分享，兩老感情不睦是長期以來的事情，夫妻倆已分房睡許多年了。而在過去，老胡的確在婚姻中有家暴行為，現在卻隨著年老體衰，那些對待也逐漸消失。

當初老胡與翠花結婚時，兩人年齡差異本就比較大。漸漸地拖著拖著，老胡打不動人了，反倒是翠花，在老胡身體不管用後依然是行動自如，能夠自理生活起居，於是，情況漸漸變成了翠花數落老胡，在衝突中占了上風。而她後來診斷出失智問題，更是越來越難控制情緒，如今若不靠藥物輔助控制，衝突便會不斷發生。

以拖待變，總能度日

我們回頭看看老胡，他是保護令聲請書上所記載的「家暴當事人」，但他如今已經難以具體表達語意，是個高齡九旬、行動不便且患有重聽的老爺爺，更需要子女返家協助，以及申請居家照顧服務員才能維持正常生活。第一次接觸，看著他沒有絲毫殺氣的眼睛，實在很難把眼前這位男子跟保護令相對人畫上等號。

於是，我們嘗試與老胡互動、詢問。

「阿伯你好，我是社工。你某某一天跟太太有吵架嗎？太太說你有打她。」老胡聽不太清楚語意，簡單的慰問過程中，我們需要在他耳邊加重音量，多說幾次。

而老胡聽明白之後，看起來卻有些委屈：「我……我……沒有打她，她不要來煩我……，那天敲我的門，我就把她拉回一樓……沒有、沒有打她。」老胡說著說著，情緒也漸漸有些起伏。

淑芬跟我們說，父親曾對她說過一句話，令她印象深刻：「以前你母親吵著要跟我離婚，現在變成我想要離婚。」

與淑芬分別幾天後，我們得知翠花經過診治出院了。身心狀況已穩定下來的她，認為夫妻兩人未有衝突，故將保護令撤回聲請，也讓老胡放下了心中一塊大石。

兩人彼此起起落落，鬧了大半人生，最終仍是延續一直以來的習慣：彼此忍一下，婚姻還能繼續。

心理師想說

老胡過往於婚姻中有外遇及家暴，與翠花的婚姻吵吵鬧鬧過了五十年。現今九十歲的老胡已重聽、行動不便、需要他人照顧，面對失智的翠花在接受醫療前的情緒變化，使兩人的衝突加劇，這對老年夫妻在子女成年後本該頤養天年，如今卻因家暴事件而來到了法院。

需要醫療處遇而不是保護令

故事中提到，翠花後來診斷出是失智問題造成情緒不穩，幸好成年子女安排翠花接受診治而後情緒穩定，雙方未再起衝突。針對老胡與翠花這對年長夫妻現今的關係衝突，優先需要協助的是醫療而不是聲請保護令。成年子女可多注意老年父母在記憶、思考、行為以及日常生活能力的變化。

失智症是一個進行性退化的疾病，從輕度時期的輕微症狀，逐漸進入中度、重度、末期症狀，疾病退化的時間不一定，依不同罹病原因，病程有個別差異（可參考 https://www.hlshb.gov.tw/News_Content.aspx?n=2112&s=14676 花蓮縣衛生局失智專區）。

在輕度失智症（初期）情緒及行為可能出現改變，如疑心病重，而造成與家人關係衝突，同時影響社交關係而脫離原社群。家人通常難理解個案的行為改變，但因功能改變輕微，較少懷疑是失智症初期，以致延誤就診，失去早期發現、早期介入治療的時機。中度失智症（中期）的精神行為症狀增加，妄想、幻覺、情緒失控、不合作、藏東西、吃壞掉食物及日夜顛倒等，由於尚有行動能力反造成嚴重照顧負荷。家屬常於此階段出現身心症狀，而必須求助精神科診治。

當老胡提到翠花來煩他而引發兩人的衝突，已高齡九旬的老胡本身是受照顧者，已無法因應翠花情緒與行為的變化，需要成年子女協助如何讓兩人避免再發生衝突。翠花在醫療介入之後的身心穩定，是否有機會讓兩人談談如何共度餘生，確認離婚是想解決什麼樣的問題，聲請保護令能解決彼此的衝突嗎？

老胡的自我思考方向：

1. 思考與翠花離婚對其晚年生活的幫助是什麼？
2. 若繼續與翠花共同生活的期待是什麼？

家事法學者告訴你

本案老胡和妻子翠花雖結婚超過半個世紀以上，但已經形同陌路，甚至女兒淑芬還提到父親曾說過令她印象深刻的話：「以前你母親吵著要跟我離婚，現在變成我想要離婚。」在家事事件中，離婚與子女事件佔著極大的比例，本件子女已經成年，剩下的就是老胡和妻子能否離婚的問題。

一、離婚的類型？

英國劇作家王爾德（Oscar Wilde）說：「為什麼會離婚，因為結婚。」離婚有三種類型。第一，兩願離婚。應以書面為之，有二人以上證人的簽名，並應向戶政機關辦理離婚登記。兩願離婚的優點在於當事人願意好聚好散，雖然做不成夫妻仍然可以當朋友，但擔心的是弱勢的一方因為急於離婚，犧牲了應有的權利，可能造成弱勢的一方人財兩失，這是兩願離婚的缺點。第二，裁判離婚。夫妻的一方具有《民法》第一〇五二條的離婚事由，例如通姦、家暴、惡意遺棄等，他方就可以向法院請求離婚。此外，若有其他重大事由，難以維持婚姻者，夫妻之一方得請求離婚，但其事由應由夫妻之一方負責者，僅他方得請求離婚，例如，在外面與小三同居的人，就不能向元配主張不履行同居義務要求離婚。由於裁判離婚的當事人為贏得離婚官司，必須讓對方成為有責任的人，因此有人說刑事訴訟讓壞人變好人，家事程序讓好人變壞人。第三，調（和）解離婚。離婚經法院調解或和解成立者，婚姻關係消滅。我國裁判離婚採「調解前置主義」，於請求法院裁判離婚前，應經法院調解，當事人直接向法院請求，會被視為調解的聲請。

二、老胡和妻子能否離婚？

本案老胡在數十年前外遇，其配偶現在能否請求離婚？由於《民法》規定，如果配偶與第三人合意性交，有請求權之一方，就是本案老胡妻子翠花，於事前同意或事後宥恕，或知悉後已逾六個月，或自其情事發生後已逾二年者，不得請求離婚。換言之，本案已經超過二年的期間，所以翠花不能依據本規定請求離婚，但因為現在翠花主張老胡家暴而聲請保護令，據此就可以主張老胡有不堪同居的虐待，或者因為婚姻難以維持而請求離婚，再由法院判斷是否准許。

第2部

為了孩子選擇不離婚

——最後仍然調解、判離收場

2-1

一心一意為孩子好，最終卻害了孩子

為什麼要有家事調解？

大華是位心思細膩卻看起來無助的爸爸，他反覆思量，最煩惱的就是：「為了孩子，我應該要繼續留在婚姻中嗎？」

留住與留不住的孩子

說起來，大華恐怕是我們近期看過最憔悴的爸爸之一了。那天下著大雨，他走進我們機構並按下電鈴，聽過大華的故事，那一路都是真心與困惑。

大華與太太婚後一年，本該迎來新生命誕生的喜訊，但因為小產，這個留不住的孩子，成了太太心中的遺憾。太太認為大華對她第一次懷孕不夠用心，有著難以排解的埋怨，大華盡力彌補與安撫妻子，希望時間能沖淡悲傷、讓悲傷消失。

隔了一年，大華與太太終於迎來第一個孩子的誕生。

大華原本以為，孩子的誕生能夠減少許多紛爭，或許甚至能帶妻子走出小產的悲痛與陰霾，但大華搖了搖頭說，「沒想到教育觀，成為我與太太之間最大的隔閡。」

孩子小的時候，衝突還不明顯，直到孩子五歲，準備要上幼稚園、安排才藝課程了，大華才發現，原來兩人間有那麼多不一樣，而太太其實也一直沒有辦法釋懷。

太太希望能親自接送孩子上下課，大華希望由娃娃車接送，方便不麻煩；太太希望可以多安排親子出遊，大華希望有時候可以有一點夫妻相處時間；太太希望可以親自陪伴才藝課進行，大華認為這是讓孩子學習獨立及交友的機會……兩人想法的落差越來越大，開始有太多太多的不同，出現在妻子的希望與大華的想像之間。

大華說，他知道妻子會這麼強調孩子的教育及照顧，是想要彌補曾經錯過的。這些他都能夠理解，但他也希望幫助妻子可以放鬆，不需要過於用力在孩子的照顧上，這其實會讓孩子也備感壓力。

「我知道她不是故意的」

畫面拉回那個相遇的雨天，大華在我們的接待區坐下，我們拿起紙筆想寫下他的問題，但似乎，無論大華或者我們，當時都理不清千頭萬緒。

大華有太多太多「不知道怎麼辦」的事情，他對於這段婚姻的期待、他對於關係的失落、他說他知道妻子生病了、她不是這樣故意鬧脾氣的……一切一切，大華說得輕描淡寫，但可以觀察到他悲傷的神情中，有滿滿的無奈和不知如何面對。

後來，大華的問題逐漸聚焦，但迷惘難免依舊：要不要離婚？如何不離婚？孩子怎麼辦？妻子不是故意的，但為什麼衝突停不下來？一個一個真實的苦惱，大華決定，希望能透過諮商，好好談談這段關係。

溝通與決定

大華邀請太太開始進行了諮商，雙方在諮商中各自確認了彼此對於婚姻與教養的想法。

此時大華決定不再繼續這段婚姻，想要好好地安排、處理、放下。但太太則因為不確定自己是否能承擔婚姻的結束、不確定能否獨立扛起照顧孩子的責任，反而如逃避壓力般地開始迴避諮商，生活中也出現了新的衝突。

迴避面對的太太有時使用激烈的情緒和口吻指責大華的過錯，有時又哀求他不要離開。大華仍不放棄以行動證明想法，他選擇搬出共同居所，既不會讓孩子目睹激烈衝突，也堅持他要離去的決心。

孩子，最重要

「身為爸爸的角色，不應該讓孩子生活在這麼衝突的家庭中。」大華這麼說。

在這段爭吵的過程中，他看見孩子從一開始的驚慌失措、大哭大鬧，到不斷介入希望可以做他們夫妻間的橋樑，最後，孩子面對他們的衝突感到麻木。

經歷半年的分居、個人諮商，大華了解到這段婚姻的不可能及回不去，最終，他仍決定為孩子放下這段婚姻，即使太太仍然不願意離婚。

那天，大華到法院提出離婚訴訟，他聘請了律師所撰寫的離婚起訴狀內容盡是太太的產後憂鬱、抓狂的情緒、多疑、控制至大華不堪同居。

於法院進行調解時，太太哭泣著控訴大華搬出去對她和孩子的傷害，原來她在大華眼中，是起訴狀上所描述的歇斯底里、蛇蠍女人，她可以離婚，但要單獨監護，因為雙方都是在教養上起衝突，此時大華猶豫了……

大華知道太太對孩子好，但對孩子太過寵溺了，大華提出至少要共同監護，讓他可以參與孩子的教養，此時大華的律師不客氣的對太太說：「如果你不同意共同監護，那就給法官判，你有憂鬱症，你不會爭取到監護權的。」這段話如利刃般刺了太太的心，太太馬上站起來說：「我不調解了！」

心理師想說

大華描述他與太太關係的變化，來自小產事件及與太太教養觀差異所導致的衝突，直至孩子涉入他們的衝突，他決定離婚。而太太不願意離婚時，他以避免孩子持續目睹衝突，於是先行搬出去，最後至法院訴請離婚。

大華與太太兩人同樣珍惜與愛護現在這個孩子，兩人於教養上的目標相同，但做法不同，大華無法處理與太太因教養觀念的落差、持續的衝突，而採取「割斷關係、我不要了」來面對，如搬離現居所、訴請離婚，大華的這些舉動可能勾動太太的創傷，如被拋棄、失落的經驗被激活，太太在痛苦、沮喪時更想抓住大華。

兩人相處互動中發生了什麼，使太太的情緒越來越不輕鬆？大華述說太太指責之後又哀求他不要離開，大華有理解太太真正的需求是什麼嗎？大華的成長經驗中如何面對情緒較飽滿的女性？也許大華童年中與母親的依附關係是讓大華受苦的，而採取過去慣有面對親密關係衝突的方式；太太也許童年是個討愛的小女孩，也有著童年學習來的因應方式。

當大華感到關係太窒息時，想回到自我的需求，但社會現實的眼光會使發起離婚者有罪究感，潛意識認為「是我拆了這個家，若我是為了自己在關係中的不快樂而要離婚，那我就是自私的、我是差的」，不願離婚的一方也會如此譴責發動離婚者，於是「若我是為孩子、是我的孩子推我這樣做，那我是好的」。大華說要離婚是為了孩子，不要孩子持續目睹父母的婚姻衝突；太太說不要離婚是為了孩子，要給孩子完整的家，兩人把孩子推到前端，就失去面對個人在親密關係中的真實需求、婚姻關係的真實。且若是想透過司法的力量來逼走對方，不斷加碼力道，對方更走不成，那就失去大華口中說「我這一切作為都是為了孩子」的意義，因為作戰中的父母是難以看到在此處境中受苦的孩子，若父母在法庭上長期訴訟攻防而致關係撕裂，代價就是孩子在承受。

大華的自我思考方向：

1. 大華於夫妻關係中如何「消化及面對」太太小產這件事？
2. 為孩子想要好散，如何使太太能「成全」他想要離去？

家事法官告訴你

在這個案例中，法官想說的有三點：一是訴狀要怎麼寫，二是調解的目的，三是家事律師的角色。

一、依《民事訴訟法》的規定，不管是原告或被告提出的書狀及附屬文件，除了應該提交給法院之外，還應按對方的人數，提出繕本或影本直接寄給對方。其中提出給法院的是原本，與原本一模一樣的複印本就是所謂的繕本。為了要進行訴訟，要所謂的「打贏官司」，不管是原告或被告，不管是在狀紙上或開庭時，都極盡所能詆毀對方，而這個訴狀不只是法官看得到，對方也看得到。「話沒有說出口，你就是話的主人；話一旦說出口，你就變成話的奴隸」了，訴狀一旦送到對方的手中，通常都會引來更大的傷害，反彈的力道也更強。而且，法官會只依照你說的或寫的內容來裁判嗎？不會，法官是依照證據來判斷你說的是不是實在，是不是符合法律的規定，所以，你有幾分的證據就說幾分話。

二、依照《家事事件法》的規定，大部分的家事案件都要經過調解，就算當事人是用起訴的方法，法院也會直接進行調解程序。調解是請受有專業訓練的家事調解委員為當事人搭建溝通的平台，協助當事人發現問題，針對問題由當事人共同找出可以解決問題的方法。由當事人自己做主得到的結果，總好過由和當事人陌生的法官裁判的結果。如果真的調解不成立，案件就會移由法官來審理，就是進入所謂的訴訟程序。

三、本來，律師既然受到委任就應該為委任的這一造打贏訴訟，但是做為家事律師，在這個不應該有輸贏的家庭關係裡，輸有時就是贏，贏有時反而輸的更多。所以律師可以做的，應該是讓這個家庭全贏，尤其把孩子的最佳利益放在核心來考量，不能讓年幼的孩子在這個過程中受到創傷。從接案開始，客觀的分析給委任的一方，雖然當事人大多認為自己是對的，是最好的，但也可以讓他們一起來想想什麼是對孩子最好的，讓當事人把這個案件當做溝通和解決問題的平台。在調解程序進行中，讓兩造平和的對話，道謝、道歉、道愛，如果真要離婚，那就好好道別，而不是語帶威脅的直指對方脆弱的面向。在調解不成立進入訴訟程序時，請律師和平的陳述主張，把證據拿出來給法官判斷，而不是要打的你死我活，從一審打到二審，不夠再打到三審。

人生有多少個日子可以浪費？案件如流水，在法官和律師手中流動，但對於當事人或孩子而言，一輩子的創傷可能就在這個時候埋下、固著了。阿德勒（Alfred Adler）有一句話說：「幸運的人用童年治癒一生，不幸的人用一生治癒童年。」希望我們不會是造成創傷的人。

2-2

你追我跑，距離只會越來越遠

不論是否擔任親權人，如何善盡父母的職責、參與孩子成長？

阿慶與太太惠娟相識七年，阿慶目前有兩個孩子，一個是和前妻所生十歲的女兒，一個是與惠娟所生，才剛出世不久的兒子。

兩人結婚兩年多，不斷發生的衝突，雙方都極不愉快。即使一年前兩人接受我們提供的婚姻諮商，讓關係曾有段短暫的好轉，但現在兩人間卻降到更無法回頭的冰點。

精神耗弱的折磨

阿慶說起話來，帶股「古意人」的耿直氣質，但一說起惠娟，他卻也難以冷靜。

面對本次訪談，阿慶拿出一件件的實例，似乎心中的不平說也說不完。

「以前怎麼處理衝突喔？就是承受啊！」阿慶說來無奈，似乎對於自己的「卑微」感到委屈。他說起某天深夜，太太情緒失控到他也無法再忍，太太「像壞掉的玩具一樣」大吼。

以往阿慶總是選擇離開衝突現場，但他說，惠娟會一路追出來飆罵，甚至曾經在深夜追著婆婆、阿慶到馬路上，「罵到整條街都聽得到，然後我發現也不對啊，這樣也吵到別人。」

於是那次阿慶受不了了，不能報警、不能動手，那還有什麼方式能表達自己不能接受？阿慶選擇把平板丟到地上，砸壞。「那是最嚴重的一次，我只是要嚇她，讓她停止。」

阿慶甚至說，他覺得惠娟對待他，好像在「報復」。阿慶舉例，惠娟曾經帶著兒子不聲不響地消失，也聯絡不到人，讓他好無奈。而惠娟也經常因為阿慶眼中的小事暴怒，比如便當都買同一個口味、半夜買肯德基卻沒順利買到等等。而最讓阿慶感到疲憊的，是有段時間，惠娟不關心他有沒有睡飽，即使他每天只能睡上兩、三個小時，惠娟也堅持每晚要他帶自己到夜市。

是誰在家暴？

「我被她告了兩次，我還願意這樣去對她，幾乎每天幫她送飯。」阿慶說，連家人都不解他為什麼要這樣熱臉貼冷屁股，但太太動不動就抓狂、翻舊帳，又對他雙重標準，阿慶也已經快要失去了耐性和期待。

在訪問的這年年初，惠娟聲請了保護令並順利核發，但阿慶覺得不平。「她在家飆罵女兒、強迫我們聽，幾十次在家裡摔東西、破壞東西，我都沒有告她家暴。」阿慶說，那張保護令的真相，是惠娟這次罵到女兒，他忍不住開口吵架，然後雙方拉扯。在拉扯過程中，惠娟拉破了阿慶衣服，重心不穩，便拉著阿慶整個摔倒。「那個瘀青是那樣來的啊，她通報家暴，明明是她在言語家暴我女兒啊！」

阿慶說：「那件被拉破的襯衫，在開庭前被她藏了起來。」這對他來說，心已經很難更涼了。

「可是因為我是男人，加上保護令的問題……」阿慶沒再繼續說下去，在他心中，男人還是該有點「男人的樣子」，多說也只是心痛。

在阿慶的回憶裡，已經想不起來惠娟上次關心自己是什麼時候，付出得不到回報、卻還要莫名被罵。回憶中的場景，是太太把自己趕出門、是太太霸道地要他如工具人般送餐或處理問題，還有太太飆罵自己與女兒的細碎片段。

阿慶覺得無助：「我們之前已經談了十幾次離婚……她是用算的，算過之後說先不要離婚，我整個人都涼了。」

「惠娟會問，為什麼女兒哭的時候你會哄她，我哭的時候，你就不會哄我？」對阿慶來說，這個問題太過荒誕，他說當時太太哭的原因，明明是因為太太剛飆罵完自己和女兒。「你有聽過被罵的人去安慰罵人的人嗎？」婚姻中讓阿慶一直覺得困擾的是太太不斷與其前段婚姻中的女兒爭寵。

天涼心更涼

訪談完一週後，阿慶打電話來，告知剛被惠娟「趕出來」。阿慶說，惠娟因為他出門和朋友喝酒，說是擔心他身上有新冠肺炎病毒，要他這陣子不要回家。同時，他剛收到惠娟於法院訴請離婚，將進行調解的通知書，他忿忿不平說：「這女人太可怕了，我都被她算計，她先聲請保護令、核發之後再訴請離婚。」

此時可以感受到阿慶的慌亂，即使之前訪談中，他不斷說對婚姻已經沒有期待，甚至是「後悔到底」，要規勸全天下的單親爸爸千萬不要再婚，才能保護前一段婚姻的孩子。但真正要面對再次離婚時，他焦慮的是自己被核發保護令，才三個月大的兒子一定會判給惠娟，認為惠娟對他的深惡痛絕，一定不會給他看兒子，甚至可能改姓，他強調：「我可以離婚，但我不能失去兒子，我至少要共同監護啊！」

心理師想說

這個故事是再婚的重組家庭，阿慶帶著前一段婚姻的女兒與惠娟共組家庭，以下來談阿慶與惠娟的依附模式、再婚重組家庭的挑戰。

• 你追我跑，追的人要情感連結，跑的人要關係和諧

阿慶過往處理兩人的衝突是採取不回應、離開現場，阿慶越不回應惠娟，惠娟越是追著阿慶，形成惡性循環。阿慶與惠娟兩人內在的深層情緒是挫折，兩人想跟對方說的都是「我希望你在乎我」、「我想知道我在你心中是不是最重要的人」。阿慶要惠娟肯定他加班工作、完成惠娟要求的買餐、陪逛夜市，當惠娟表現出來的行為是批評、責罵去跟阿慶要愛時，阿慶知覺到「我是很糟的人」、自尊受損，他感到更挫折，無力面對，於是跑；而當阿慶的表面行為是冷漠、退縮時，惠娟知覺到「我是不被在乎的」，於是逐步升高追的張力。當阿慶跑得更遠，最後以暴力形式來中止惠娟的追，雙方的因應作為使夫妻關係更惡化。

● 我的孩子不是你的孩子

兩人的關係最後發展出了暴力，阿慶提到最後一次嚴重衝突是惠娟罵了自己與前妻的女兒。惠娟罵女兒這個部份可能引發了阿慶的內疚，帶著孩子再婚的當事人，有著「我當初離婚沒有給孩子一個完整的家」的內疚，再婚除了自己的情感需求外，也期待給孩子一個所謂「完整的家」，期待再婚伴侶能愛、照顧自己與前妻的孩子。阿慶提到他的困擾是惠娟與女兒的爭寵，然而繼母難為，某陸劇的繼母說：「做多了說你矯情，做少說你苛薄。」阿慶是否能與惠娟站在父母的高度面對女兒的問題，而不是如故事中與女兒聯盟對抗惠娟，更引發惠娟內心的不安全感，惠娟只能不斷追著阿慶要愛與關注。

另外，重組家庭的父母需要漸進式讓孩子接受新伴侶，並支持孩子與生父生母維繫關係，不要試圖以新伴侶取代生父生母。

阿慶的自我思考方向：

1. 做了什麼導致惠娟越來越失控？
2. 與惠娟對女兒的教養分工為何？
3. 與惠娟的婚姻關係怎麼了，讓女兒會進入雙方的衝突？
4. 離婚後，不論是否擔任兒子的親權人，如何繼續盡父親的職責、參與子女的成長？

家事法官告訴你

本故事有二項重要問題有待釐清：第一，阿慶被核發保護令，但阿慶主張自己才是被惠娟家暴的人，那保護令究竟是如何核發的？第二，惠娟聲請保護令後訴請離婚是不是就一定會被准許？

一、保護令如何核發

依照《家庭暴力防治法》的規定，「保護令」種類有三種：

1. **緊急保護令**：在被害人有受家庭暴力之急迫危險的情況時，檢察官、警察機關或直轄市、縣（市）主管機關，可以用言詞、電信傳真或其他科技設備傳送之方式聲請緊急保護令，並可以在夜間或休息日為之。法院如果准許，應該要在四小時內以書面核發。值得注意的是被害人不可以自己聲請緊急保護令。

2. **暫時保護令**：法院為了保護被害人，可以在通常保護令審理終結前，依聲請或主動核發暫時保護令。

3. **通常保護令**：通常保護令由被害人向其住所地、加害人的住居所地或家庭暴力發生地的地方法院聲請。法院在審理後，認為有家庭暴力之事實且有必要的情形，可以核發該法第十四條第一項那些款項內容的保護令。值得注意的是法院核發通常保護令的要件，除了要有家庭暴力的事實之外，還要符合必要性的要件，也就是如果平常感情很好，偶然的一次衝突而脫口罵出三字經，雖然有言語上的暴力，但有可能不會被核發保護令。

本案不管是阿慶或惠娟施暴，受暴的人都可以聲請保護令。法院會依他們提出的證據來判斷聲請保護令有沒有理由。如果二人都有施暴而被害人都有受保護的必要，也可能二人都核發保護令。值得注意的是聲請人就自己主張的事實要提出證據來證明，如果自己難以提出證據，例如在場的證人不願意來，也可以請法院發通知給證人，請證人到庭作證。如果有必要，也可以要求法院個別訊問。

另外，保護令雖然可以禁止加害人對於被害人施暴或為騷擾、接觸、跟蹤、通話、通信等其他非必要的聯絡行為，也可以命加害人遷出或遠離被害人的住居所，但不是所有的保護令都有核發遷出或遠離令，也不是有保護令之後他們就都不能聯絡，所以還是要從保護令的「主文」內容來判斷是不是不能打電話，或要不要遷出或遠離。

二、得否依據保護令請求離婚

夫妻之一方如果對他方為不堪同居的虐待得向法院請求離婚，但被害人取得法院核發的保護令是否構成不堪同居虐待的程度，仍須由法官依據事實調查證據，看已經發生的暴力行為是不是符合不堪同居的虐待行為，才能決定是否准許離婚。如果遭受虐待的人因日久生情而與好友發生性交行為，像這種一方虐待，他方則有婚外性行為的情形，過去最高法院認為責任少的或責任相同的才可以請求離婚，責任多的不能向責任少或根本沒有責任的人主張離婚，但是憲法法庭已變更為唯一有責者才不能請求離婚。

2-3

重建關係不能只靠一個人努力

何謂分居的條件？分居期間夫妻與子女間的法律效果如何？

「我人生的夢想，就是有一個家庭。」這是「安爸」開口的第一句話，神情無比真摯。

每當說起自己小時候的事情，安爸總能侃侃而談。他說自己小時候爸媽離世都早，很早就得自己一個人生活，總是轉學來轉學去。在太太帶著孩子離家後，那種寄人籬下、不安定的空虛感再度出現腐蝕他。

他說起自己兒時的家庭，神情全無怨嘆，但安爸也說：「可能因為這樣吧，我真的很想努力有一個完整的家庭，我對『完整的家』很有期待。」

安爸與太太的衝突不斷加劇，太太帶著孩子搬離、抗拒溝通，他開始憂鬱也開始嘗試改變自己。太太的離去逼他看見這婚姻如雙方合力走纖細鋼索般困難。

夢想與現實

一開始，安爸說起目前太太與孩子的情況，其實他看起來有些刻意疏離，彷彿再近一些就會受傷。談起太太與他分居，安爸先是一陣好長好長的沉默，才能緩緩開口說，各種負面的情緒他都有。

一年前，太太搬離了原本和孩子一起住的三人家庭，當時的安爸無法體會，只覺得不解、受傷。

「自從是……是我換來這份工作開始，兩人關係更差了吧，她覺得我的付出，都只是為了滿足我自己。」說起太太的事情，安爸語氣總有難過。

安爸創業開店，已是十幾年的事情了，而太太從那時就萌生不滿，抱怨逐漸變多，兩人卻又溝通不良。拖了這麼多年後，太太帶著毅然決然的狠勁離開，對安爸極為抗拒，僅願意配合法院轉介而個別前來談一次，算是給法院個交代，更看得出太太想透過司法處理婚姻，不願再與安爸溝通。

談論到太太離去的堅決，喚起童年的被拋棄感，逼得安爸將話鋒一轉，深深嘆了口氣，「以前會說自己在溝通啦，但心底其實是覺得『你一定要聽我的』。」從電風扇該放哪裡、小東西怎麼擺……安爸說自己以前控制得太多，太太在家做全職主婦，也曾抱怨自己「好像傭人」。

安爸說，自己這麼多年下來，其實可以對太太更好一點，但內心又會浮現疑問的聲音，現在還來得及嗎？現實經濟的壓力、兩人對家庭與孩子教養的價值觀差異產生的衝突，也同樣導致了彼此決定分開。

家庭與婚姻也要平衡

現在的安爸接受個人商談、參與團體，比起以前更理解了彼此的問題與困難。

安爸認為自己為了維繫家庭努力打拚，但和太太的婚姻關係卻越來越不穩定，從家事誰做、家裡東西怎麼放……加上以前和太太溝通時，總是因為工作忙而「講得很快」，使得太太覺得安爸在命令自己，種種「小事」的爭執堆疊，都讓太太對一切越來越抗拒。

安爸好幾次隱約傳達出，他理解到自己先前的不成熟，但安爸也還沒放下對太太「不負責任、不去改變」的些微埋怨。「我對事情的想法、講出來的口氣、描述，都要改變。但家也不是我一個人的，有些東西不能只照我的意見。我會念人，也有要改的地方，家裡不是只有我一個人在生活，不能只有我改進，是雙方都要改、有錯就要改啊！」他心中期望的是太太也能來接受服務。

安爸反覆說著希望太太能帶孩子回來，雙方都要改進，心底深處冒出成年後自組的家庭要瓦解的恐懼，過往回家可以看到太太與孩子，一家三口晚餐的畫面不再，又回到如童年他一人面對空蕩蕩房子。

不安與變化，時光與累積

安爸先前向法院提案，要求太太履行同居義務，但不久後又撤回，他說：「我是為了要她出面啦。她出面……後來有調解一次啦……我就撤掉了。但現在她跟我說已經去法院訴請離婚了……我還沒收到單子。」

目前太太僅接受一次個別會談，拒絕與安爸的聯合會談，也拒絕和安爸私下溝通，現狀似乎仍在膠著。但安爸決定從自己改變起，他試著以心平氣和的方式和太太溝通，語氣避免像以前那樣給人壓迫感。太太對安爸的態度雖緊繃，偶爾也會軟化，例如送孩子回來讓他與孩子過週末。

安爸慢慢地說：「其實很多事情無論好壞，都是時間累積起來的。」與太太相遇、相處、結婚、發生衝突，然後走到現在，「我和她……也很難一言以蔽之。」

「大概就是坎坎坷坷吧。她跟我在一起也吃了很多苦，都不好過。」安爸沉默時，說起話來似乎總在自我檢討，又帶著希望自己也能被理解、被同理的懇切。

心理師想說

安爸因這次的婚姻危機而讓資源進入協助他，他也願意透過諮商去面對自己、面對婚姻關係，開始回溯自己在關係中的作為，嘗試理解太太在婚姻關係中的感受，以及自己童年經驗中依附關係的匱乏。人在所有的關係中，最大的恐懼是被拋棄，當太太帶著孩子離家，安爸面臨自己一輩子最期盼的小家庭可能瓦解的恐懼。

安爸的童年於心理、生活層面的孤苦無依，迫使他很早就獨立了，沒有人可以依賴。童年的不安全依附關係，使安爸進入婚姻關係後，也許把太太當成童年時期所期待的理想的父母，反覆向對方索取自己沒有被滿足的需求，展現的風格是控制與挑剔，事情要按照他說的做，用這樣方式證明太太是愛他的、不會離開他的，如同孩子再怎麼哭鬧，父母永遠都在。對太太的挑剔，其實內在是渴望被重視和關注，但這如同拿著棒子求愛，終將破壞關係。

我們可以理解安爸的控制底下有強烈的不安、焦慮，對他來說，分離是一種生命的威脅，啟動了幼年父母離世的痛。安爸控制的強度反映他有多恐懼再度失去家，恐懼的第一層次是恐懼事情本身，太太離家、離婚；第二層次是害怕面對恐懼背後的創傷，被拋棄、自己是沒有價值的，經歷一連串的失落，於是安爸陷入了憂鬱。

安爸希望能與太太進行婚姻諮商以改善婚姻，他想挽回，他說他會改，但是太太也要改。安爸在這歷程中感到受傷，但也反省自己，婚姻關係的修復與重建需要兩人都有意願，但太太進行了一次個別會談，拒絕與安爸進行聯合會談。顯然太太僅是配合法院的轉介，僅是給法院個交代，拒絕與安爸對話處理婚姻困境，太太的拒絕是處於對戰的位置。

關係是共構的，當一方打破既有互動循環時，如安爸自己願意先接受個別諮商來面對婚姻的真實，也見他行動上開始嘗試改變與太太溝通的口氣，太太也開始送孩子回來與他相處，使雙方分居後的關係僵局有了一小步的突破。

安爸的自我思考方向：

自己願意先改變，但對方不一定要接受，先想想我的改變是為了什麼？找到意義，這改變才能持久。

家事法學者告訴你

本案安爸的太太搬離了原本和孩子一起住的三人家庭，安爸與太太雖然還沒離婚，但目前已經處於分居的狀態。安爸為了讓太太出面，先向法院提案，要求太太履行同居義務，不久後又撤回，目前太太仍然拒絕會談以及和安爸私下溝通。但安爸接受個人商談、參與團體、努力嘗試改變，因此安爸太太偶爾也會軟化，送孩子回來讓他與孩子過週末。本案有待釐清的是，分居是什麼？分居期間中夫妻與子女間的法律效果如何？

一、何謂分居？其條件為何？

所謂分居，係指夫妻在婚姻關係存續中，未共同居住於同一住所者，稱之。夫妻結婚後原本應以永久共同生活為目的，共同居住於同一住所，所以《民法》規定夫妻互負同居的義務。依《民法》的規定，如果有正當理由，例如因至海外工作、就學或服兵役等，都可以主張分居有正當理由，不會違反同居義務的規定，此外，如果先生家暴、納妾等原因，太太亦得主張分居。本件安爸與太太的衝突不斷加劇，太太帶著孩子搬離應該不能構成正當事由。實務上，當事人聲請履行同居，目的在證明對造有違背同居義務的客觀事實，且有拒絕同居之主觀情事，至於談判離婚屬解決紛爭之過程，與是否有不能同居之正當事由無關，否則夫妻只要不想同居，都可以用「我想離婚」作為分居的藉口，顯然不合理，除非離婚成立，否則只要有婚姻關係就有同居的義務。

二、分居的法律效果如何？

有些國家規定，若夫妻分居一段期間就可以請求法院裁判離婚，讓夫妻好聚好散。分居可以冷卻離婚之衝動、確認離婚之決心、避免離婚過程的相互攻訐，以及克服破綻事實之舉證困難，但分居違反夫妻應以永久共同生活為目的之婚姻本質目的，且可能有人故意造成分居事實，造成離婚的事由，尤其分居期間法律關係不易釐清，包含夫妻財產、扶養費用、貞操義務、分居期間所生子女是否受婚生推定、子女親權歸屬等，都會成為問題。所以《民法》規定如果夫妻分居六個月，可以聲請宣告改用分別財產制，父母分居六個月以上，子女的親權準用離婚的規定。

2-4

孩子，我一定會挽回媽媽

夫妻離婚後，如何成為善意合作的父母？

婚姻要維持並不簡單，而若是已出現了裂痕，想要修復，也就更不容易。

阿峰就是其中一個想要挽回、想要修復，最後卻仍無疾而終選擇放手的例子。

那天阿峰第一次來到法院的家事服務中心，他抓著高高的頭髮，用他肌肉結實的手臂遞出的紙張，卻是太太請求離婚起訴狀。

頂著挺拔的外表，阿峰卻像是熱鍋上的螞蟻，焦急地問我們：「我不想離婚，我該怎麼辦？我可以做些什麼？」

想挽回卻無力

阿峰對婚姻走至此，歸因於自己花了太多時間在工作，且懷疑太太在外面已有男人而想要跟他離婚。

「我承認我會改脾氣，但你願意給我機會，讓家完整嗎？可以搬回來一起住嗎？」阿峰在收到法院的第一次調解通知後，傳訊息給太太，做了軟性訴求，但太太不是已讀不回，就是回應「我們法院再談」，皆顯然去意甚堅。

於是阿峰轉而想用孩子留住太太。「我問她，能不能再試試，我們孩子還小，我不想讓孩子成為單親家庭的小孩。」太太依然關起溝通的大門。

一百九十二公里的距離

雙方於半年前一次嚴重爭執後，太太帶著孩子搬回位於外縣市的娘家，隔著一百九十二公里的物理距離，阿峰於原本軟性求和無回應之後，取而代之的是那些先前熟悉的批評與指責，透過文字以威脅口氣求和。

「你要離婚可以，我要孩子的監護權，你不要再來打擾我跟孩子的生活，你過你的、我過我的。」太太依然不回應，於是阿峰轉而提出很想念孩子，透過訊息要求太太帶兩個孩子回來，甚至提出太太不用進家門，可以把孩子送到家門口，但太太依然已讀不回，阿峰焦慮著與孩子見面一事遙遙無期。

情到盡頭，放手不容易

在歷時八個月的法院調解期間，阿峰能順利與兩個孩子相處，對他來說是很重要的心理支持。阿峰原本期待能於調解期間使太太有回心轉意的可能，但在這八個月之間太太仍然訴說她對婚姻的失望，也透過律師協助撰寫訴狀將她的失望情緒化成了實體文字。

阿峰他既欣慰於調解期間，太太送孩子回來讓他與孩子相處，但也憤怒於太太與律師把過往的衝突以誇大方式攤在紙張上。對阿峰來說，文字間有許多他認為不實的指控，那些修飾過的文字，在在都令他痛苦、寸步難行。

他不想婚姻結束在此，一度拒絕再調解，並想讓法官還他清白。糾結、痛苦、指控……，許許多多的煩惱，無論是關於他自己的，還是關於孩子的，都看得出阿峰於這段時間的煎熬。

他不甘心、不願吞下不實指控，但八個月的盡頭，結果是阿峰也累了。感受到太太的冷漠、拒絕、堅決，阿峰每日下班回家後反覆咀嚼兩人的互動關係，生理與心理的疲憊使得他被磨耗得支撐不住了。

阿峰說，法院調解的這段時間他們各說各話、互不相讓，衝突使得兩個孩子及家人也被波及，即使法院轉介家事商談，太太也不願參與，他一直糾結：自己該不該放棄這段婚姻？要繼續奮戰？還是就交給法官決定呢？

但最終，阿峰面對紙本上的控訴，他覺得那些完美的劇情既模糊了焦點，也醜化了兩人的關係。對阿峰來說，他不願意接受不實的指控，卻也不希望歹戲拖棚，心中無比煎熬。

走在同不同意離婚的十字路口，歷經無數失眠的夜晚，對阿峰來說同意離婚太難，他決定交由法官決定他的婚姻去留。開庭時法官苦口婆心對阿峰與太太說了好多好多，特別是攸關孩子的部分。

阿峰沉默一陣子之後，以顫抖的語調說出：「關於離婚起訴狀的不實指控，我只要求她給我一個道歉，並保障我可以定期和孩子會面，我就同意離婚。」

聽到阿峰的訴求，太太與律師對看一眼之後，太太表達願意道歉，太太也在律師的鼓勵下說出：「謝謝你同意離婚，我知道你是個好爸爸，日後我們就一起做爸爸媽媽，我會支持你跟孩子的相處。」

成為帶善意合作的父母

在結實的外表下，阿峰的內心一直都纖細而煎熬。

他聽到太太的道歉與肯定時流下男兒淚，這眼淚似乎也訴說阿峰努力想要挽回，卻仍無法串起兩人的共識，無法喚回曾經美好婚姻家庭想像的挫折、悲傷、失落。

一路走來，阿峰有自省、有思考，也有無奈、不甘心與憤怒，最重要的，他從沒忘了兩個孩子。

孩子是阿峰在處理兩人離婚的歷程中一直在意的，而對孩子來說，平時用電話聊天，每兩個週末能到爸爸家過夜相處，這些心願和期待，並沒有因父母的離婚而被落下。

阿峰的婚姻以他遺憾的方式結束了，但，溫暖的親情則延續了下來。

心理師想說

阿峰認為太太提離婚的原因，可能是自己長期投入工作而忽略婚姻、自己脾氣不好，或太太是不是在外面有男人。當兩人的婚姻走至一方冀盼以司法來處理時，大多求去的一方已不是要談婚姻如何改善，而另一方收到法院的家事調解通知書時，此時才驚覺事態嚴重、意識到婚姻出現危機，並開始準備要面對婚姻問題。兩人的差距就如太太已往前跑了一百公尺，阿峰還停留在原點問發生了什麼事。太太已經不期待阿峰改變了，以拒絕溝通、不回訊息、不接受商談資源回應，並以司法來逼迫阿峰放手。阿峰的求和被拒絕後，挫折忍受低的他，憤而轉為攻擊太太，太太越不理會阿峰，阿峰就越加碼要太太回應，於是兩人關係更是惡化。兩人都閃躲在婚姻中自己需要負責的部份、逃避面對婚姻中的現實，都想遠離伴侶帶來的不安。

● 道歉、感謝、道別

當太太帶著孩子離家，阿峰又無法接觸孩子時，這會啟動阿峰失去太太、失去孩子的恐懼：「如果在婚姻中我都看不到孩子，我同意離婚後，我怎麼去相信我可以看到孩子？」失落的恐懼使阿峰陷入「我沒做錯什麼，為何如此對待我」的不公平、不甘願情緒中，於是他要用更高的權威來證明自己。

此離婚案進入司法場域後，變成阿峰的個人自尊、清白的捍衛戰，就離「為孩子的利益」而好聚或好散之路更遠了。因此，於調解程序中，需透過調解委員協助雙方訂定阿峰在此期間與孩子的相處時間、頻率、接送等，讓雙方先回到父母的角色，彼此能試著為孩子給出善意。阿峰能重建親子關係與互動之後，他的情緒得到舒緩，比較能夠去面對婚姻的離合，思考這段關係是否還回得去，並為孩子、為自己做出決定。

最終阿峰要的是一個道歉。沒有人在婚姻中是完人，或是完全沒有貢獻，若雙方都意識到婚姻無法維繫了，彼此能為婚姻中有意、無意地作為而對他方或關係造成的傷害進行道歉，同時也感謝對方在婚姻中曾有的付出，最後道別婚姻，升級為離異父母，繼續合作養育子女。

若太太還是想以攻擊的方式要阿峰放手，阿峰只會想不斷證明自己沒錯，兩人關係則更糾纏，孩子在其中當然也受苦。

阿峰的自我思考方向：

這段時間面對婚姻離合帶來的的身心壓力，不只是大人，孩子也同樣經歷父母衝突的壓力，再繼續下去，自己、婚姻、孩子的狀況會更好嗎？

家事法學者告訴你

本案阿峰不願意離婚，且試圖以爭取小孩的「親權」（俗稱「監護權」），但為避免與未成年人的監護混淆，本文以「親權」稱之）來挽回婚姻，然而阿峰太太已經無意維持婚姻，於是阿峰讓他的婚姻去留交由法官來決定。開庭時法官苦口婆心告訴阿峰與太太，特別是有關孩子的部分要好好處理。父母離婚不能剝奪小孩與非同住方相處的權利，父母長時間在法院爭鋒相對，這種高衝突的離婚會讓小孩受傷害，而且這個傷害可能影響小孩的一生，甚至複製到下一代，所以如何決定小孩的親權人，以及確保小孩與非同住方的會面交往，至關重要。

一、父母離婚如何決定小孩親權？

夫妻離婚時，有關小孩的權利行使和義務負擔，由夫妻協議交由一方或雙方共同行使，如果沒有協議或協議不成，就交由法院來決定。法院酌定小孩親權時，應依子女最佳利益，同時要考量小孩的年齡、意願、父母的經濟狀況以及親職能力。若雙方對於親權互不相讓，法院應以願意積極促成會面交往，以及釋放更多會面交往時間的人為親權人或主要照顧者。憲法法庭認為，法院應直接聽取子女意見，但如果小孩年紀太小則不用到庭陳述，本案阿峰希望可以定期和孩子會面，所以可以認為阿峰同意由太太擔任小孩的親權人。

二、非同住方與子女如何會面交往？

父母離婚後小孩與非同住方有繼續維持親密親子關係的權利，這是《兒童權利公約》對於小孩權利的保障，因為會面交往對於小孩的成長發育非常重要。面臨父母離婚，子女將產生極大的心理不安，子女若隨同父或母離去原住所，將面臨轉學等改變環境之處境；若子女留在原住所，子女會擔心離去者是否因為討厭自己而離去，或者顧慮若提起離去者是否會引發同住方的敏感神經，凡此問題均可藉由會面交往而減緩。有關會面交往，法院可依聲請或依職權酌定非同住方與子女會面交往的方式及期間。本案阿峰太太同意支持日後阿峰與孩子相處，平時用電話聊天，每兩個週末能到爸爸家過夜相處，父母願意合作協商會面交往方式，小孩不必面臨忠誠議題，符合子女利益。

2-5

面對內在需求，為自己的選擇負責

當另一半外遇，如何向法院訴請離婚？

與婚姻伴侶走了這麼久，即使已經分開，有時也難免會回顧，自己當年的選擇究竟是不是正確？

淑萱在婚姻中有很長一段時間都不快樂，但她礙於信仰、擔憂孩子等種種想法，遲遲不敢果斷轉身，直到眾多導火線一次爆開，她才選擇放過自己。

如今，她一個人過得很好，經過不同心境的重重思考，說起外遇的前夫，語中還有一絲諒解。

雪上加霜，各種事接踵而來

淑萱說，她的婚姻很早開始就不快樂。她和前夫其實早就處得不好，長期以來更從未有改善，兩人幾乎沒有互動，但淑萱出於種種擔憂，又有信仰，還是選擇留下。

只是，淑萱的堅持幾乎只給自己帶來痛苦，後來，是因為太多事情在短時間內接連發生，讓她做出不得不的選擇。

那時候，是女兒先發現前夫有外遇。

當時正是她對婚姻迷惘、壓力特別大的時候。女兒察覺了爸爸的異狀，但畢竟不敢直接說出來，過了一個多月，女兒悄悄在淑萱的桌子抽屜裡，放了一份封得仔細的紙條。紙條上還寫著，要等媽媽準備好，或是心情好的時候再看，但淑萱笑說：「啊，我當然是要直接拆開呀。」

拆開紙條看到女兒的信，這場婚姻似乎又更困難了一些。

淑萱有去注意、查證，但最後得出的結論，還是和女兒的觀察相同。那段期間女兒正準備考高中，兩人都忙，而淑萱也在此時罹患乳癌，才剛從台北開刀回來。

淑萱說，對她的疾病，前夫毫無道理地堅決反對任何醫療處置。他說去處理病痛，反而情況會更糟，不如就放輕鬆，什麼都別做。淑萱對此根本無法接受，便獨自到大醫院去，「就不管他了。」現在說得瀟灑，但當時的淑萱卻是涼透了一顆心。

壓力、病痛、先生外遇、高中的兒子又離家出走……，太多的事情堆積在一起，淑萱不得不認真考慮離婚，放過自己。

離或不離，是「對」或「不對」？

說到兒子離家，淑萱講起了兩人對孩子管教的差異。其實，這也是淑萱長期累積下來的壓力之一。

或許是爸爸不懂兒子的心，那時候兒子北上考試，傳了一封簡訊說：「不用來找我了。」兒子沒有搭上回家的火車，而是離家出走，還好他還願意和淑萱聯絡。後來，淑萱選擇在市區租房，和兒子同住一段時間。

兒子的事告一段落，淑萱卻愈發糾結，到底這個婚姻，是要不要繼續？從打算離婚到真正分開，淑萱心中也跑過無數種想法。現在淑萱離婚已經兩年多，她回顧自己當時的決定，依然不好說離婚究竟「對」或「不對」。

但淑萱也知道，那是在當時情況下不得不為的選擇與發展，至少她現在也會覺得，自己活得輕鬆不少。

淑萱原本在得知前夫外遇前，就已經在進行諮商，因此她也大概知道，選擇離婚後接下來會發生什麼。淑萱盡力為孩子考慮，但同時也希望自己能留下原本有的東西。

她選擇能在調解時處理就處理，貼心地保全雙方的面子。淑萱自己在地方小有名氣，對方做的也是為人師表的工作，她想，盡量能和解就和解，也算是人情留一線。

或許因為前夫自知理虧，淑萱的離婚離解過程尚稱順利，只是直到最後，前夫還是從未直接承認外遇。他會提到「對方」家境，說對方很可憐等等，其實已經等同認帳，但仍堅持不對淑萱鬆口。

強摘的果子沒有意義

目前淑萱的孩子都成年了，各有發展，講起孩子時，也終於比較放心一些。客氣有禮的淑萱，在訪談中一直沒有埋怨，直到最後，才選擇說出前夫的情況。

比如說，前夫對孩子教養的看法相當狹隘，孩子不能去運動、不能去玩，只能顧好成績，「而且他只要一發作罵小孩，可能一個多小時都是他在罵、在摔東西」、「爸爸可能一生氣，就直接把孩子的筆電從三樓丟下去」。

聽到這樣的事情，其實也不難想像孩子會離家出走，但淑萱似乎逐漸理解了先生，說起前夫的個性，沒有太多恨或埋怨。知道了前夫的家庭狀況後，她慢慢可以理解，像是前夫覺得孩子沒有特別達成什麼就不能擁有東西，那也是因為前夫小時候被這樣對待。

最後淑萱說自己跟前夫的感情一直都沒有太好，硬要抓住什麼好像也沒有意義，因自己一直有工作謀生的能力，或許是這樣，才讓她有足夠的「底氣」選擇離婚。

心理師想說

即使長期在不快樂的婚姻中，與先生兩人無互動，在婚姻中感到無力挫敗，淑萱因著信仰、擔憂孩子，而未選擇結束婚姻。她知道她的婚姻品質難以改善，面對先生的外遇背叛，淑萱看似冷靜、平靜，也許是早已哀悼婚姻已死，也許是必須以情緒隔離的方式來面對，工作與生活才得以繼續。淑萱選擇「那我過好我自己的日子」、選擇「坐穩大老婆的位置」、選擇「婚姻中我只做媽媽」，有些父母的自我價值來自孩子的需要，孩子需要我，那我就有價值。淑萱在父母的角色中尋找自我價值，她找到留下來的意義，直至先生在她生死交關之際的冷漠，淑萱已累積足夠的失望而決定在行動上離開，即使心早已離開婚姻。

淑萱在地方小有名氣，是位經濟獨立與能幹的女性，不是經濟因素離不開，而是心理反覆的糾結。她接納自己被先生外遇事件傷害了，她失落的不是關係，因她早已不在乎這一段沒有溫度的婚姻，但淑萱沒有讓自己處於被害者的位置，例如要控訴、要真相、要道歉。淑萱看似是選擇了寬恕，寬恕能帶來可控制感、可預測感、安全感，她選擇將面對外在環境的能量轉而面對自己的內心，因為她失落的是「自我」，這是會憤怒的，內心的聲音問：「是我不夠好，先生才會去找別人嗎？」

當面對關係的問題，找一個人歸咎，能讓我們的憤怒、不安、恐懼有安放之處，一切變得可控，也容易將復原的責任歸於造成傷害的一方，認為對方需要為自己的復原負責，而不願啟動自我修復的責任，於是個人與生活就更艱辛了。

當自我狀態不好，也難以成為可以支持孩子的媽媽。淑萱若要繼續在婚姻中，就要先鞏固自我，擺平自己內在的拉扯與矛盾，於是淑萱運用了個別諮商，給自己一個空間來整理自己。人面對自己內心是有壓力的，需要面對自己的不完美，情緒很容易被擾動，但唯有釐清內在之後，才能為自己的選擇負責，也能與先生的情緒有清楚的界限，理解婚姻關係困境中各自的責任。當面臨先生還為小三說話時，已在進行個別諮商的淑萱，她的自我價值就不會被動搖，內心穩定，也不會指責對方了。

淑萱的自我思考方向：

在人生多重困境中，此時什麼是最重要的？優先順序是什麼？

家事法官告訴你

關於這個案例，我想說明兩個重點，一是家庭暴力行為；二是關於因為外遇而離婚。

一、家庭暴力行為

一般人想到家庭暴力行為都是想到對身體的暴力行為，常見的就是對於身體的傷害，事實上，依《家庭暴力防治法》的規定，精神或經濟上之騷擾、控制、脅迫或其他不法侵害之行為都是暴力行為。所以，除了身體上的傷害行為，其他足以使被害人感到畏懼、心生痛苦或惡性傷害被害人自尊及自我意識之舉動或行為，也都是暴力的態樣。也就是說爸爸罵小孩一個多小時，讓小孩處於疲勞轟炸的地步，是可以認為已經超出合理管教的暴力行為，更不用說摔東西、把筆電從三樓丟下去，都是會讓孩子感到害怕或心生痛苦的暴力行為。值得注意的是，依一般社會常情，摔筆電的行為會讓在場看到或聽到的人感受到害怕或痛苦，所以不管這筆電的所有權人是爸爸或是誰，爸爸的作為都是一種暴力行為。

二、因外遇而離婚

關於因為外遇而離婚這件事情，是常見的離婚原因。如果夫妻之間在事情發生後可以自行協議離婚或經由法院調解、和解離婚，都可以使夫妻間不再有婚姻關係，但如果都沒辦法時，就只好經由訴訟來離婚，就是所謂的「裁判離婚」。《民法》關於裁判離婚的原因是規定在第一〇五二條，其中並沒有規定「外遇」這樣一個原因，比較符合的是該條第一項第二款的「對方與配偶以外之人合意性交」，所以如果要以對方外遇來提起訴訟請求離婚，就是要主張並提出證據來證明對方有和別人合意性交。要注意的是你情我願的為性交行為，如果是因為被強暴、脅迫而為性交行為就不符合這個要件。

另外，因為對方與他人合意為性交行為而要訴請離婚，如果自己在事情發生前「同意」（常見的對話如「好啊，你去外面跟別人做啊」，可見這話不能隨便說），或在事情發生後原諒對方，或是在知悉對方和別人為性交行為後已經超過六個月，或是對方這件事情發生後已超過二年的話，想要以這個規定請求離婚是不會被法官准許的。

2-6

既然無法再走下去，誰是誰非還重要嗎？

調解程序是解決問題的溝通平台，讓彼此說清楚、講明白

除了直觀的傷害與當下的衝突、糾結，阿芬想要找到能讓自己的情緒被好好對待的方法，卻遍尋不著。

阿芬遭遇了前夫外遇，而且對方不斷要求離婚。距離她無奈又近乎無力的同意，已經過了六年左右，但這艱難的歷程，甚至自己在司法過程中感到的無力，使得她至今仍在走出陰霾的路上。

莫名的衝突

一開始的衝突，對阿芬來說是摸不著頭緒的。

阿芬原本與先生一同打算在公婆家附近租房，先生事到臨頭卻打退堂鼓。

「我想可能因為他是獨生子吧！還是有壓力要取捨。」阿芬如此想著，於是兩人分開居住，先生在老家務農，阿芬與年幼的孩子則在市區工作。兩人當假日夫妻，一開始倒也相安無事，誰知協議要搬回去一起孝親之後，先生卻極為突然地要求阿芬不要回去，這實在是讓阿芬百思不得其解。

「我們中間一直討論要不要回去。本來都已經談好退租，他（先生）要開車過來載了，結果那天他突然叫我們不要回去。因為都已經退租了，我們只好臨時去找親戚借住。」先生這樣的處事，連旁人聽來也覺困惑。而阿芬事後才知道，原來，先生早就外遇。

不平與不捨

阿芬談起這些歷程，好幾次忍不住哽咽，甚至落淚。在她眼中，她對這段婚姻盡心盡力，先生對待自己與孩子的方式，卻是如此殘忍。

先生在知道阿芬發現外遇後，便馬上提出離婚，然而阿芬的想法是，「他跟那個女生分手就沒關係」。阿芬心想，第三者當時也有婚姻，我們兩個家庭都有小孩，我們就各自維護自己的家庭，日子也還能過下去。

只是，先生卻不願意接受這樣的方式，不但避不見面、對她與孩子不聞不問，唯一的聯繫更是用各種手段，要求阿芬簽字離婚。

「他打電話來就是罵，要我離婚。大概堅持了一個多月，我還是不同意，就收到法院的開庭通知了。」阿芬說起這段經歷，雖然努力保持冷靜，卻還是難掩心中的動搖。阿芬說，先生完全不溝通，反而是派親戚來要她簽字。她還記得那個親戚凶神惡煞般的嘴臉，「他們家裡的人都不知道他有外遇，都覺得是我有問題。」

其實，阿芬最在意與不忍的，還是孩子。

她說自己的童年過得並不算好，因此不希望讓孩子有同樣不快樂的童年。「別的小朋友都有爸有媽……」對阿芬來說，比起她自己過得好，她更希望能讓孩子不用面對生活中沒有爸爸的情境。

只是，當對方已經對母子毫無關懷，一紙婚姻是否還在，又有什麼差別呢？在阿芬看來，孩子很喜歡爸爸，父親對孩子卻幾乎毫無感情，「我覺得，孩子受的傷可能沒有比我少。」

整個宇宙都在幫助他？

阿芬經歷了長達近半年的離婚調解，期間的衝突與磨耗也從未少過。說起當時的回憶，一直保持優雅冷靜的阿芬，卻激動得難掩不平。

明明對方會因為「女友」生日，便不請假也不出席調解，只有律師出席，在數次的調解中，阿芬說她覺得很受傷。

總是準時到場的阿芬，感受到的是所有人竟都在幫先生說話。

「明明就是他外遇欸！但調解委員、他的律師啊，他們都不提這件事，我就不懂。然後先生請的那個律師一直罵我……」

阿芬心中的壓力不斷增大，她感受不到當時專業人員們的尊重，更不能接受調解委員給她的「離婚要看的手冊」。阿芬忿忿不平：「怎麼不把那一大疊塞給他，要塞給我？是我有問題嗎？」「我其實那時候很不甘心，心裡想就要這樣便宜他跟小三嗎？」

阿芬最後只能以超自然的解釋試圖讓自己釋懷：「老天爺要結束這段婚姻，不是我們不要努力」、「可能本來就不適合，調解委員只是把我打醒吧」。

媽媽過得好，孩子才過得好

只是這麼多年來，說自己忘性堅強、幾乎從不怨恨人的阿芬，卻相當直白地說，嘗試了那麼久的放下，現在想起前夫，依然是放不下。

在阿芬眼中，對方為了外遇的女友傷害阿芬和孩子，即使母子兩人沒有錢、得靠家人接濟，他也完全不管。說起孩子，阿芬更是藏不住心疼，「他很懂事，但是我不忍心孩子還這麼小，就要因為那男人的決定承擔那麼多……」

她的話題總是關於孩子，透露著滿滿的擔心與愛，還有自己不是「完美媽媽」的焦慮。最終她在第四次調解時選擇同意離婚也是因為孩子。

每次到法院調解回來後，阿芬的情緒都很不好，調解時總是要面對先生跟律師的指責，看見先生有多不負責任，連調解委員也勸她離婚。每次調解結束，總是有一段時間會恍神、無心力陪伴孩子，有時不自覺流淚，直到有一次七歲的兒子拿面紙給她，然後說：「媽媽，你不要哭，我沒有爸爸沒有關係。」

孩子這番話讓阿芬驚醒，怎麼變成孩子在照顧她的情緒，「還要讓孩子擔心我嗎？我是不是該同意離婚，放過對方、也放過自己，反正他都無心……」阿芬最終放下內心糾結。

「媽媽過得好，孩子就會過得好。」阿芬一時壓不住自己的情緒，她說這是兒家的心理師所給過的建議中，讓她最動容、最受用的一句話。

心理師想說

當求去者面對另一方不同意時，常見求去者不會讓想留下者在關係中感到舒適，如阿芬先生用強硬的方式要切斷關係，無所不用其極的用各種方式要她簽字離婚。阿芬說想留住婚姻來幫助孩子留住爸爸，若阿芬繼續處於婚姻僵局中，但事實是先生已外遇不回家了，孩子會感受到一個怎麼樣的爸爸？阿芬為孩子而持續忍耐對方的不堪對待，最終能達到想要的目標嗎？還是孩子會面臨雙重的失去，孩子早已失去爸爸的同時，又失去一個開心快樂的媽媽？

阿芬說最受用的一句話是「媽媽過得好，孩子就會過得好。」在父母長期不和處境中的孩子，時常被迫要照顧父母的情緒，如孩子告訴阿芬「沒有爸爸也沒有關係」，或我在工作中見到九歲男孩於親子會談中，主動遞面紙給母親。這些孩子以語言、非語言行為來照顧母親的情緒，甚至有的孩子涉入父母的衝突，如當情報員、傳聲筒、調解員，孩子逼迫自己快速變成大人，成為父母的父母，因而失去童年。這些孩子長大以後容易厭惡依賴、脆弱的人，在親密關係中，當伴侶想要依靠他的時候，他會感到厭煩、憤怒與極大壓力，而在關係中推開、拒絕伴侶，因為童年時期，父母對他的依賴，以愛之名、以悲苦的控制使其符合父母對他的期待，童年這些經歷讓他潛意識中早已恨透依賴他、使用他、假他之名而滿足個人目的的人。

阿芬控訴對方對她與孩子的傷害、不滿調解狀況，無形中拉著孩子一同處於被害者及孤立無援的位置，於是母子兩人綁得更緊，阿芬個人難以對於結束婚姻做出基於個人需求、婚姻現實的選擇。選擇意味也需要承擔各種可能的後果，許多在此困境中的父母會擔心自己若主動結束婚姻，是最好的選擇嗎？之後會更好嗎？充滿很多內在糾結，於是如阿芬最後說是老天爺、是調解委員、是我孩子要我離婚的，也有很多當事人說婚姻的離合要交給法官決定。

若能理解阿芬自我決定離婚有多不容易，就能為她的前行一步，最終能離婚調解成立，給予肯定。

阿芬的自我思考方向：

1. 繼續處於婚姻僵局中，兩人關係有改善的機會嗎？
2. 若清楚婚姻已無法維繫，誰是誰非重要嗎？如果希望先生於離婚後能繼續盡父親的責任，那好聚好散才有可能。

家事法官告訴你

關於這個個案，我想講的是離婚訴訟中的調解程序。

許多夫妻都是經過長久的爭吵才會到法院訴請離婚，希望法院給他們一個雙方認為公平正義的結論，但是在這長則數十年，短則數年的婚姻生活，連他們自己都說不清楚，其他的外人怎麼能弄清楚他們的恩怨情仇？這從他們來開庭最常說的「（什麼時間？）忘記了，就有一次颱風來的時候……」、「（過程？）不清楚」、「（幾次？）很多次」、「（很多次是幾次？）三、五次吧」可以得知。

而與其一件一件的去回溯過往的痛苦經驗，不如去展望未來嶄新人生的可能性，而不再回溯過去，只為解決眼前問題，也是法院調解程序的功能之一。

只是，離婚的當事人對於調解程序常抱持著法院「一定是勸和不勸離」的刻板印象，所以常不願意來參加調解；也期待調解委員站在自己這邊去責備對方，至少也把事實查清楚。但是，調解程序實際上只是一個讓雙方彼此說清楚、講明白、解決問題的溝通平台，過去的婚姻生活誰對誰錯已經無法釐清，而這也不是調解委員可以做到的事，況且就算調解委員明白這個婚姻是因為對方外遇才無法繼續，對於調解程序也沒有什麼幫助。專業的調解委員是協助夫妻看清楚目前的處境，促進雙方溝通並做明智而且沒有不利於未成年子女的決定，而不是判斷誰對誰錯，尤其是有未成年子女的夫妻，更應為孩子的未來好好安排。

在這個故事中，不管阿芬對於調解的結果是不是滿意，至少她願意參與調解程序、聽聽看別人的說法，再思考自己想要的人生。而且，最後他們以調解的方式離婚，調解筆錄上都不會記載過往的恩恩怨怨，只有無緣的夫妻所做的協商結果，讓自己漂亮的轉身，讓這齣戲就此落幕，不要再「拖棚」了。但是如果她不願意參與調解，而想要將自己的婚姻交給負責認定事實、適用法律的法官來裁判的話，接下來的程序就會進入法官的審判程序，那又是一場更不堪的硬仗了。

第3部

離婚容易解怨難

——調解、判離後仍衝突不斷

3-1 當那些情緒仍然綁在一起 夫妻的剩餘財產該怎麼分配？

曉涵與前夫已經離婚，但往事卻非那麼容易就能成為回憶而各自安好。

當溝通與分享成為過去式

那天，曉涵前來求助。

曉涵有著白白淨淨的外表，紮了個簡單的馬尾，一坐下未待我們開口，她語氣堅決、簡潔有力地拋出一句：「我想要離婚。」

「你們雙方有討論過嗎？」她說，是因為對方不願意簽字，她才會來法院訴請離婚。

我們繼續詢問曉涵提出離婚的原因，看似果決的她陷入了停頓，這大約十五秒之久的時間，也揭開了她五年婚姻故事的序幕。

曉涵在沉默後，默默地擦乾了眼角的淚水，抬起頭來以一種無助眼神看著我們，她先是為落淚道歉才又開口，說她之所以會想離婚，是因為她發現自己和先生已經形同陌路。「雖然我們仍然住在一起，但幾乎是零互動。現在我們的日常對話只剩下到家了、我吃飽了、衣服洗了嗎、我要睡了……」

曉涵說，兩人間已經沒有比這更多的互動，甚至就連想要聊聊天，也是奢侈。

「與其繼續過這樣的生活，我寧願選擇離開這段關係，有他、沒他都沒差。」曉涵說得瀟灑而堅定，並直接問我們：「如果可以，我是否現在就提出離婚訴訟？」

江已東流，哪肯更西流

我們陪同曉涵出席幾次的離婚調解，曉涵才開始願意慢慢分享她與先生曾經相愛、相處的過程。

原來，當年曉涵與先生是透過朋友介紹認識，經歷了前兩任男友劈腿的曉涵，看到了對方的溫和、老實、責任心，覺得對方相當可靠，也順其自然地深入交往、步入了禮堂。

在婚姻初期，一切都很美好。先生努力地工作賺錢，希望能給予妻子更好的生活，而曉涵的工作雖然需要輪值，對於甜蜜的兩人來說，也根本沒有什麼問題。無論曉涵多晚下班，先生都一定會等到她回家，再兩人一起就寢。可是，日復一日，年復一年，曉涵逐漸感受到，兩人間的情感似乎不再那麼親密。

有一天，曉涵心血來潮，打了電話給先生。她原本是想趁著難得的休假和先生來個小約會，也許喝個茶、聊聊天南地北……但，事情卻未照著原本曉涵期望的方向發展。

曉涵原本期盼先生會開心、爽快地的答應兩人約會，但電話接通後，另一端的先生僅是冷淡地回絕了她，並表示自己很忙，隨即掛上電話。曉涵忽然驚覺，她與先生的關係，似乎已經和以前不同。

曉涵開始努力想要改善關係，她換了不用輪班的工作，希望能夠增進與先生的互動，每天晚上可以一起吃飯；她開始重新打扮，希望能夠再次燃起先生對她的愛慕之情；她開始試著去了解先生的事業，希望能夠盡微薄之力，減輕先生的工作壓力與負擔……。

只是，曉涵跟我們說，久而久之，她也開始覺得累了。

「我感覺這個婚姻都是我一個人在付出，一個人在努力經營彼此的關係。」曉涵也曾提出一起去接受婚姻諮商，遭到先生否決，認為她無病呻吟、沒事找事做、找他麻煩。

曉涵感受不到先生有想要維持這段婚姻的跡象，她只感到先生的被動，與自己的疲憊。

不待風吹心自落

曉涵感嘆，她所希望的，其實也就只是下班回家後，兩人可以坐在客廳聊聊今天過的如何，或者是假日安排兩人出遊走走散心而已。

但當年的恩愛已經消失殆盡，上了法院，以往那些甜蜜的場景變得更是難以想像。如今在法院、站在她眼前的，是個認為曉涵讓自己丟臉的大男人。先生在調解時不斷以言語激怒、貶低曉涵。

曉涵說，先生只關心工作和事業，「談到剩餘財產分配時我就感受到了，他根本不想分給我一分一毫。」

曉涵眼中的先生，已經變成了一個自私為己的人。先生在調解時述說他自己對家庭的貢獻與付出，卻完全沒有曉涵這個妻子的角色，彷彿曉涵在這個家庭中並不存在似的。

曉涵說起這段調解回憶難掩忿恨：「他把我對婚姻的付出與努力全部抹滅，聽到他在調解時所陳述的，真的會讓我氣到很想大罵他狼心狗肺。」

雙方最後在第三次調解時，同意了離婚。

離婚調解成立後，先生在調解室門外大聲斥責曉涵是不知足的女人，而曉涵對於沒有爭到她想要的財產部分，也仍心有不甘，離開時不斷喃喃自語，跟我們低聲咒罵先生的自私與無理。

如今雙方雖已離婚，但在兩個月後電訪關心曉涵時，她語氣激動地說，從友人那聽聞前夫在婚姻中早出軌，坐實了她過去一直以來對於前夫冷淡對待她的懷疑。曉涵表示嚥不下這口氣，於是她與前夫在網路上筆戰、爭執，透過臉書讓雙方親朋好友都加入戰局，公審前夫的婚內出軌，又造成了多起民事案件。目前前夫聲請保護令，控告曉涵「妨害名譽」。原以為這通追蹤關懷電話可以聽到曉涵在離婚後如何安頓自己的生活，我們卻聽到她將開始與前夫在法院中相撕相殺。

心理師想說

• 你怎麼可以變了

曉涵的婚姻初期經歷了甜蜜，五年的婚姻最後發展到形同陌路。從心理層面來理解經歷前兩任劈腿的曉涵，心中立誓這次一定要找個老實、可靠、不會劈腿的人，於是選擇性只看見先生有她想要的特質；選擇性忽略先生也有她不想要的特質。當蜜月期、理想化退去後，曉涵覺得先生變了，先生怎會出現她不喜歡的特質？兩人關係變成一追一逃，先生越冷淡，曉涵越用力要將關係變成她所期待的樣子，如下班談心、假日出遊。

而先生無法面對兩人的關係時，卻是選擇開了一扇窗往外溜，尋求與第三者發展親密關係，於是曉涵憤怒先生怎會跟前男友一樣，真正氣的是自己，怎麼這次又選錯人。曉涵意識知道不能選擇會劈腿的人，潛意識是想複製相同情境，再次修復舊問題。

- **我氣我自己**

面對關係困境，曉涵以轉職、改變打扮、嘗試邀請先生增加兩人共處時間、邀請先生進行婚姻諮商，種種個人於婚姻中的努力未果，加上剩餘財產分配的不愉快、離婚後得知先生早已婚內出軌，這些成為了一股反撲的力道。曉涵嚥不下那口氣，也被那一口氣綁架了，與前夫另起戰場於司法上互告，離婚並未結束關係帶來的痛苦。

曉涵於網路上公審前夫的作為、提告，這些攻擊的行動是希望前夫知道「你不能這樣對待我，你是錯的，你要向我道歉，你需要為你做的事付出代價。」而這些需求越得不到回應，就越激起更是要「獲得我想要的東西」的執念，執念讓內心不斷糾結、耗損心理能量。

但理解曉涵這些「恨」背後的潛在需求，所有的憤恨背後都是心受傷了，憤恨的底下是哀傷；更往下探討，曉涵的這些憤恨是氣自己的無能、無力改變這關係。邁向未來的新生活是一場未知與冒險，內心不確定「我會過得更好嗎？」人在告別過去，走向未來，重建新生活是需要很大的勇氣，也意味著未來的好與壞是自己需要承擔負責。而繼續停留在離婚的悲苦中，抓著前夫要為我的悲苦、為我的人生負責，心理會簡單輕鬆些，於是停留在原點。

曉涵一路走來有被隱瞞（先生騙我）、被背叛（先生拋棄我）的傷痛，這些傷痛並不會在司法歷程中獲得心理的療癒，隨著訴訟歷程只是再撕裂原本已結痂的傷口。釐清自己內在這些憤怒、怨恨，如何不被這一口氣綁架，是曉涵可以努力的方向。

曉涵的自我思考方向：

1. 婚姻關係如何發展到第三者有機會插足婚姻？
2. 認為自己的人生很寶貴嗎？若看重自己的人生，值得投入人生下半場（時間、金錢、心理能量）與對方互鬥嗎？

家事法官告訴你

或許此案例中，離婚後的爭端都源於先生認為曉涵是不知足的女人，而曉涵對於沒有爭到她想要的財產心有不甘吧！如果把該不該知足和應該取得多少財產，都從法律的規定來了解，既然沒有感情，把金錢算清楚也是可以「揮一揮衣袖，不帶走一片雲彩」的方式，所以，在本案我們就來說說夫妻剩餘財產的分配。

大部分的夫妻在結婚前或婚後都沒有約定並到法院登記要採取哪一種財產制，所以，依《民法》第一〇〇五條的規定，原則上就是以法定財產制做為他們的夫妻財產制，也就是登記在誰的名下就是誰的財產，夫或妻的債權人不可以對不是他的債務人的一方財產進行強制執行。

但是，如果夫妻離婚、夫妻其中一個人死亡了，或他們改用其他財產制，那原本登記在誰名下的財產就是那個人的嗎？不是的，《民法》第一〇三〇之一條規定：法定財產制關係消滅時，夫或妻現存的婚後財產，扣除婚姻關係存續中所負債務後，如果有剩餘，雙方剩餘財產之差額，應平均分配。但下列財產不在此限：一、因繼承或其他無償取得之財產。二、慰撫金。這裡所說的法定財產制關係消滅，常見的就是夫妻離婚、其中一人死亡，或改用其他財產制的情形，就像合夥要結束營業一樣，夫妻就要清算名下的財產，再來進行分配。

清算的方式是先表列夫或妻離婚時還存在的、結婚後取得的財產，所以離婚後已經不存在的，例如：過去繳交的地價稅、房屋稅或一年一度的火險、地震險保險費等都不算在內。另外，現存的財產中，如果有夫或妻因為繼承而取得的，或是因為無償如受贈所取得的財產，或屬於精神上的慰撫金等，也不包含在要分配的財產內。

以上這些「積極財產」扣除婚姻關係存續中所負的債務，也就是「消極財產」之後，如果有剩餘，原則上是夫妻平均分配。但是如果夫妻的一方對於婚姻生活無貢獻或協力，例如不但不工作賺錢，也不照顧子女，或有其他情形（例如賺來的錢都拿去喝酒，酒駕後拿去繳罰金等）而導致平均分配有失公平的話，法院可以調整分配的比例或免除分配額。而法院在決定要不要調整、免除或決定調整的比例時，要考量的面向是夫妻在婚姻存續期間之家事勞動、子女照顧養育、對家庭付出之整體協力狀況、共同生活及分居時間多長、婚後財產取得的時間、雙方的經濟能力等因素。

所以，如果曉涵的先生能夠自覺到，他之所以可以無後顧之憂地在事業上衝刺是因為太太在家中持家、照顧老小，則曉涵在離婚時取得她依法應得的財產也只能說是公平的結果，並沒有知不知足的問題，不是嗎？而對於曉涵，如果當初的調解內容是她心甘情願、深思熟慮的結果，再來心有未甘地掀起風浪，只有徒增事端，還把無辜的家人都拉進來而已，或許接受木已成舟的結果會是比較好的做法吧！

3-2

別讓孩子成為拯救父母的英雄
和小孩陌生的法官要如何決定他們的未來？

在父母的衝突中，孩子往往是受傷最深的人。

明勝和茜芸這對夫妻，已走了一長段難再相愛、彼此都糾結的路。只是，兩人都不希望失去孩子的監護權，卻也都不知道究竟該如何是好，拖到最後，演變成了將婚姻和孩子都交給法官決定的局面。

為了孩子，該留下來嗎？

「為了孩子，我們該離婚還是不離婚？」這是明勝和茜芸在心中糾結了太久的問題。兩人擔憂彼此衝突對孩子的影響，但也害怕要是真離了婚，是不是又會帶給孩子無法預期的衝擊。

其實，明勝與茜芸在婚姻中都不快樂。他們彼此無法溝通，若不是上了法院，也許甚至難以說出心裡真正的想法。

婚姻中屢屢發生的口語衝突，讓整個家如烏雲罩頂。兩人多次在孩子面前大聲咆哮、相互挑釁，甚至孩子也開始學習以暴力的方式溝通，孩子更時常晚上做噩夢，哭著醒來，原本開朗活潑的孩子，逐漸變得對每件事都戰戰兢兢。

孩子這樣的變化，兩人其實都看在眼裡，也都知道孩子會努力擺出小大人的模樣。可是，即便心疼，沒有人願意放手。

茜芸想要做些改變，至少讓孩子少受一點傷，明勝卻抗拒改變，因為他心中害怕著，如果婚姻結束，不知道對孩子究竟會有什麼影響？何況現在孩子這樣黏媽媽，會不會離婚後，父子倆的關係變得越來越糟？

撐過不快樂的四年，明勝終於向法院訴請離婚，兩人也終於不得不面對未來的變化。

婚姻的結束

經歷四個月的調解，雖然雙方對於離婚有共識，但對於孩子的監護權、探視依舊無法有共識，最後他們終於在法庭上做出了決斷。關係既然走不下去，那就先和解離婚，只是，關於孩子的照顧，他們卻沒辦法自己決定，而是願意交由法官決定，相信法官會給一個雙方覺得公平的方案。這個他們都不滿意卻又必須接受的方案是六歲的孩子由雙方共同監護，小學階段由媽媽主要照顧，國中後由爸爸主要照顧，探視方每兩週末接孩子共處。

我們會接觸到明勝與茜芸，是因為他們的孩子被轉介來接受目睹家暴兒童的心理輔導，我們定期與明勝及茜芸談孩子的輔導狀況。這次在他們於法院的離婚、監護權、會面和解成立後的第三天，我們約了他們一起談孩子。

過往尚在進行離婚訴訟時，每次見面，我們感受到雙方的對立、敵意。兩人總是挑選會談室中最遠的兩張沙發而坐，互不看對方；兩人惜字如金，也似乎擔憂自己的言語會影響正在進行的監護權之爭。

即使婚姻、孩子照顧有了最終結果，我們並沒有感受到他們的放鬆，盡是心理的疲憊、對孩子的擔憂。

茜芸先開口了，「老師，我有跟孩子說法官的決定了，但孩子說他想要跟現在一樣，一週跟媽媽住、一週跟爸爸住，我說不行，等你國中就換成上學的時候跟爸爸住，孩子一直問我為什麼要這樣？」相對於滔滔不絕的茜芸，明勝卻總是頭低低的，不發一語。

父子關係改變的開始？

明勝和茜芸的言談中，總透露出許多糾結，兩人對待孩子的方式雖然有所不同，但兩人似乎都不知道該如何是好，更害怕對孩子的付出會得不到回報、怕孩子和自己的關係變差。

茜芸不斷詢問目前的狀況會不會影響孩子的未來。我們只能告訴她，對於孩子來說，童年負面經驗會有影響，只能鼓勵夫妻雙方為孩子努力做友善父母。

在那次見面的最後，茜芸鬆口，說她會再多說服孩子現在改成週末和爸爸見面，而明勝的頭依然低低的，似乎一直糾結著什麼。

「孩子快樂嗎？」明勝這麼問。

我們問，他能做什麼讓孩子多一些快樂嗎？他在擔心什麼嗎？原來，明勝害怕萬一他的努力沒有成果，未來孩子依然會和他疏離、父子的關係還是變糟，那該怎麼辦。

結束了這次的會談，在目送他們全家離開時，我們看見眼眶泛淚的明勝終於主動抱起了在外頭等待的孩子，說起了悄悄話。而孩子原先抗拒的肢體，在感受到爸爸的柔軟後，也跟著放鬆了下來。明勝開始願意放下執著與恐懼，低下身來和孩子說話、聊天。

或許，這會是一個父子關係改變的開始。

心理師想說

• 對戰中的父母做不了父母

明勝與茜芸這對父母在孩子面前大聲咆哮、多次的相互挑釁、不斷的口語衝突，我們從六歲孩子目睹父母暴力的視角來看，孩子與父母雙方要發展安全的依附關係是困難的，孩子自己面對生死存亡的危機，擔憂戰場中的父母，不知道子彈會打到誰。

長期在這樣心理危機中的孩子會習得無助，唯一可以帶自己離開戰場的人都不走，或雙方可以協議停火的，為何做不到？父母都說愛我、會保護我、照顧我，但真實處境卻不是如此。這些情況會讓孩子很矛盾，當內在情緒與困惑無法梳理，孩子會透過外在行為、語言表現，如故事中的孩子做惡夢驚醒，或更不利的發展是在學校使用暴力。這是孩子在危機中學習到的生存信念：「我要夠強、讓人家怕我，我才能掌控別人，我才能活。」於是這樣的孩子長大以後又進入一段有暴力的親密關係中，可能又有另一個目睹暴力的孩子，形成代間循環。

因此若明勝與茜芸真的無法改善婚姻關係的品質，就該思考：只是維持家庭結構的完整，但讓孩子身處於衝突不斷的環境中，還是兩人分開各自做父母，讓孩子來回兩個平靜的家，擁有兩個比較快樂的父母，到底哪個決定才是對孩子好？

可惜明勝與茜芸兩人意識上知道關係衝突對孩子的影響，但也僅止於認知上，無法於行動上協商討論該怎麼做。兩人將婚姻、孩子照顧的安排丟包給外人、法官來決定。如此一來，兩人不需要扛責任，不需要冒險，但最終兩人與孩子對法官的決定都不滿意，後續孩子照顧與相處卻必須依照法院裁定進行。

- **孩子捨己救父母**

當法官的裁定出來之後，孩子告訴父母要維持照顧現狀，由父母輪流一人一週照顧他。這是父母在司法歷程中雙方的自行約定，認為這樣對彼此最公平，但往往孩子在乎的不是公平，而是與父母相處的品質。

故事中的孩子反應也如同很多父母於會面時爭執得很厲害的孩子，內心跑出的聲音是「你們不要再吵了，一人一半」，試圖以此彌平父母的紛爭。有的孩子甚至提出，他希望一週三．五天在爸爸家、三．五天在媽媽家，或每隔一天換一次，這樣父母就不會再爭執了，孩子也不會傷了任一方父母的心。孩子開始適應每週不斷輪替於兩處生活的變動，而非常規依照學校作息來安排平日、週末放假的兩區段生活。

孩子犧牲自己，一切為父母而做。原是父母該運用大人的智慧，以孩子為核心去思考的照顧安排，卻是孩子出來解決父母的難題時，我們已把孩子拉高到大人的層級，忘了孩子只有六歲。

明勝與茜芸的自我思考方向：

雙方對孩子成長的期待是什麼？離異後如何與對方做友善與合作的父母，才能給孩子一個矯正性的成長經驗？

家事法官告訴你

夫妻都說愛孩子，卻多次在孩子面前大聲咆哮，也不相信對方會給孩子最適合的愛，寧可把孩子交給和孩子陌生的法官來決定，所以在這個故事中，我們要談的是法官怎麼決定孩子的未來。

夫妻離婚後，和未成年的孩子有關的事項主要是「親權」（俗稱監護權）的決定，以及「會面交往」（俗稱探視）怎麼進行。如果孩子的爸媽沒有辦法就這些問題協調出彼此都可以接受的結論，就只好交給法官決定。但法官並不認識爸媽及孩子，怎決定孩子的未來？怎麼為父母做出符合孩子最佳利益的決定呢？

首先，對於有家庭暴力行為的案件，依《家庭暴力防治法》第四十三條的規定，原則上會先推定由施暴的人擔任親權人是不利於子女的。既然有法律的推定效果，這時候做為加害人的爸爸或媽媽如果要爭取孩子的親權，就必須拿出更強而有力的證據，證明由自己來擔任親權人是有利於孩子來推翻這個推定。

但是，什麼是對孩子有利呢？在多年審理酌定或改定親權的法庭現場，看到許多父母奔波於家庭、辦公室和法院間，甚至有從孩子六個月大開始，陸續爭訟到孩子小學二年級（未完，待續……），父母和孩子的人生要不要往前走啊？在家裡拿著手機對孩子錄影問：「你要跟我住，對不對？」「爸爸（或媽媽）對你不好，是不是？」難道孩子只能選擇一個人來愛嗎？到了法院，就是不斷證明對方有多不適合擔任親權人，把對方攻擊得體無完膚。可憐的父母，你們是在證明自己看錯人嗎？可不可以彼此都向上提升，而不是都向下沉淪？這樣相互攻擊，以後還要不要見面啊？日後怎麼合作來讓孩子健康快樂成長？如果知道法官怎麼下決定，會不會比較好呢？

其實，法官除了看爸爸媽媽提出的證據資料之外，也會請社工人員或家事調查官去調查、判斷親權應該如何決定的相關事項，例如：關於孩子的年齡、性別、健康情形、孩子的意願及人格發展的需要，也要知道父母的年齡、職業、品行、健康情形、經濟能力及生活狀況、父母有沒有保護教養子女的意願和他們的態度如何、父母子女間或其他同住的人之間感情狀況。

另外，因為父母親在這種情形中，往往扮演爭奪孩子的角色，所以有時會用不正當的爭取行為來獲得和子女共同相處的機會，例如：隱匿孩子、將孩子拐帶出國、不告訴對方孩子在哪裡，或不讓對方看孩子。所以，法院會審酌評估父母是不是友善父母或哪一方比較具有善意，有沒有妨礙對方保護教養孩子的行為。另外，也會了解各族群的傳統習俗、文化及價值觀，來兼顧各族群的習俗及文化。

除此之外，法官有時也會主動，或依父母的聲請來選任具有社工、心理等專業背景的人擔任孩子的「程序監理人」。程序監理人做為中立的第三人，在法律程序中為孩子發聲，也保護孩子的權益，使孩子的最佳利益能夠受到保障。所有這些努力，就只是希望孩子能夠擁有快樂的童年和健康的身心狀態。

奉勸各位父母：做友善父母，努力促成對方和孩子互動，管教態度力求一致或至少尊重對方合理的管教。自己愛孩子，請預設對方也愛孩子，至少不會想害孩子。不要妨礙對方教養孩子，這樣才是對你或孩子較有利的做法喔！

3-3

婚姻的戰火仍持續延燒……

在爭取「親權」之前，先了解什麼是「親權」

對芸如來說，正是因為丈夫向法院聲請了保護令，讓她徹底無法再接受關係的存續，至今她仍無法和前夫和平相處。

脾氣耿直的芸如，似乎心中有把靜靜的火焰在燃燒，即使是如今向我們分享故事，冷靜而惜字的她，對前夫也沒有一句好話。

她與前夫間的糾葛不斷持續，家事、民事及刑事……多件訴訟持續了兩年之久。直到如今，似乎看不到結束的一天。

雙方互提保護令

芸如與前夫交往六年，婚姻的時間又還比這更長。走到後來，似乎只是彼此折磨。

「決定離婚前，當然有嘗試要努力呀！」

芸如說當初她和前夫一起開店，大半資金都是從她而來，但婆家似乎總是不喜歡她，她曾試過道歉，「該做的我都有做」，卻不見起色。

芸如和前夫、婆家的關係都有衝突，她說，她有錢給前夫開店時，婆家和她的關係都很好，「等到我們賺錢了，關係就不好了。」

她又說，先生自從脫離月光族身分，一躍而成店面的老闆，大頭症就越來越嚴重。「我有勸他，勸一勸就開始爭吵，然後他就動手。」芸如搖頭。

兩人的衝突越演越烈，讓芸如理智斷線的，是雙方在一次爭執後，前夫竟率先聲請了保護令。在芸如眼中，前夫的聲請既沒道理，更是徹底棄夫妻情面不顧。她再也不想和當年的人一起走這條人生路，她判斷，這段婚姻，該到此為止。

芸如說，她為了「在離婚中要平等，要打監護權」，便也聲請了保護令，可以說從那一刻起，兩人在司法場上的戰火就沒再停歇。

決定放過自己

步入離婚訴訟的階段後，芸如似乎更加忙碌。除了保護令的問題與離婚訴訟外，兩人間還有其他民事、甚至刑事的糾紛。前前後後加起來，花了近兩年半。

不過，芸如和我們說，她一直都很冷靜，甚至平靜。她跟我們說，她最意外的是，「我到現在都沒有為婚姻掉過一滴眼淚。」的確，芸如在整個訪談中總是靜靜的、話不多、回答簡潔，只有偶爾會透露出她一旦被挑釁，就會戰鬥到底的情緒。

對於離婚的決定與後續的衝突，芸如的家人與朋友都全力支持她。拖得許久的訴訟期間，芸如也安排自己去上進修課程。她學了不少技術，還說，「總不能整天都在等開庭，女生進修自己很重要」。

她的坦然似乎呈現了對離婚的灑脫態度，如她所說，「為了孩子不離婚」從未在她考慮的範圍裡，能夠盡速脫離前夫，才是放過自己。

一人一半好嗎？

如今芸如離婚已有一段時間，兩個孩子由她與前夫共同監護。孩子們目前都是由雙方輪流，各帶一週，但芸如對這個方式並不滿意。

芸如說，孩子們已經有反應，說他們不喜歡這樣的方式。「哥哥會抱怨，說他都沒有一個屬於自己真正的地方。」原來，孩子其實覺得自己像是浮萍，在爸媽之間擺盪，但爸媽的感情又不好，也讓孩子感到困惑與壓力。

芸如希望自己能成為孩子的主要照顧者，讓孩子不再需要每週搬來搬去，能有真正的「家的感覺」。同樣前夫也希望由他擔任主要照顧者。

而孩子的照顧與聯絡，往往也是離婚後，芸如與前夫最常發生衝突的原因。兩人用通訊軟體聯絡，經常有小衝突，但芸如說現在的情況和離婚前正好相反。以前她總是在關係中處於弱勢，而現在她有自信、能夠掌握情況，反倒是前夫提出抱怨或碎嘴時，她能夠選擇是要回應，還是已讀不回來降溫、避免衝突。

孩子開心就好

芸如回憶離婚前，前夫總用冷暴力對待自己，但離婚後，她卻發現生活變得輕鬆了。她坦然地說，她跟前夫其實就是個性不合，卻硬要湊在一起，生了小孩後許多責任隨之而來，衝突也隨著加劇。像這樣的關係，「其實不應該有開始」，但她也堅定地說，自己從不後悔有這兩個孩子。

說起當時孩子目睹家庭暴力，又被爸爸連同家當一起強硬帶到婆家，兩人的分開對孩子其實傷害不小。但芸如低著頭想了想，她說現在孩子們已經好多了，而她覺得自己已經是我們這裡的常客，「從我的婚姻到小孩的心理，都覺得你們的幫助還滿有效果。」

從親職教育課程、心理師的會談，到小朋友的個別輔導，芸如舉例，「老師可能是引導孩子畫一些什麼，我覺得看孩子的畫，都會看得很感動。」離婚後的芸如更用心和孩子有多一點的心靈交流。

即使現在與前夫仍有前公司的民事案件處理中，把孩子放在第一位的芸如，最後跟我們說，她現在希望只要孩子開心就好。

心理師想說

• 孩子最不忍父母互相傷害

芸如與先生從家暴事件到離婚的家事、民事、刑事的互告多起，戰火至今未停歇，面對不斷出庭、進行訴訟攻防、未知的訴訟結果，光是兩人對簿公堂的歷程就很耗費身心能量，工作與生活也很受影響。

在戰火中的父母還有多餘的能量保護孩子免受戰火波及嗎？實務上常見這是困難的，因為高衝突的離異父母在對立中要能區分什麼是伴侶間的事、什麼是親子的事是不容易的，孩子時常變成談判的籌碼、報復對方的工具，演變成訴訟伴隨著孩子成長的不利處境。

● 我以後的生活會怎麼樣？

當父母於法院相互爭奪親權與擔任主要照顧者，父母心中在乎的是公平、害怕失去，那孩子呢？在面對父母將離婚的初期，所有的孩子都會擔憂未來誰來照顧我？我會和我的手足分開嗎？我需要搬家？我需要轉學嗎？我還可以見到父母嗎？

父母若無法以孩子能理解的方式跟孩子說明正在發生的事，或者父母雙方的說法不一致時，年幼的孩子會自行想像各種比實際更糟的負向結果，情緒上產生焦慮、恐懼，而行為上可能會產生退化、分離焦慮等。當父母能協助孩子理解並適應變動，就能縮小孩子在父母離婚初期所產生的生活適應障礙、身心影響。但現實狀況是很多父母自己面對司法訴訟上的攻防、為爭取親權而在與孩子相處時進行蒐證，加上自己的工作、經濟各種生活壓力，父母本身都自我調適困難，更難以關照孩子，特別是若孩子表現乖巧、不讓父母擔憂，孩子的需要更容易被父母忽略。例如孩子要你抱抱他，給他安全感，就會真實體驗到孤單與失落，因為爭訟中的父母已無心力陪伴孩子。

故事中的芸如透過法院的親職課程、機構的心理諮商，或投入專長進修來穩住自己，以持續面對與前夫的其他民、刑事訴訟。後期在面對與前夫討論攸關孩子的訊息溝通上，芸如能選擇性回應、找到掌握感，而不是一如過往被前夫的文字訊息激怒而雙方陷入爭執，同時她也讓孩子接受心理諮商度過家庭變動期。

若父母離婚後無法重新調整為親職夥伴關係，以共同養育孩子為目標，雙方後續仍於孩子照顧事務上持續有衝突，父、母、子三方永無寧日，則父母長期失和、反目成仇，孩子的感受就是自我分裂、自我作戰，父母離婚後對孩子是另一個災難的開始，最終父母爭奪到的是心靈枯萎的孩子。

芸如的自我思考方向：

1. 與前夫的互鬥停損點在哪？
2. 生活中可以做哪些能帶來掌握感與愉悅感的事？

家事法官告訴你

有些夫妻可以平和的協議離婚，但卻在離婚後因為孩子的問題不斷爭訟，都只是為了取得孩子的「親權」（俗稱監護權），或想要擔任孩子的主要照顧者，以為不是親權人或主要照顧者就與孩子脫離關係，孩子不再是自己的孩子，也因此常要求「公平」。

像這個故事中的兩個孩子，由父母共同擔任親權人，父母輪流照顧各帶一週，這樣一人一週看起來好像很公平，但這是孩子想要的生活方式嗎？不管是少年或家事案件，孩子不見得會因為父母離婚而難過，但他們常說的是：「很煩吶，一直吵、一直吵！」所以在實務現場看到真正讓孩子感到痛苦或壓力的是他們擺盪在父母之間，以及父母經常、持續的爭吵，尤其是為了他們的事而吵。如果父母親可以了解什麼是親權，是不是就比較不會爭奪不休呢？當然，以有無取得孩子的親權做為向對方炫耀的手段就另當別論了。

親權，與其說是對孩子的支配權，不如說是保護教養孩子的職能，所以，講到親權，更多的是責任和義務。這從法院裁判實務上表示：「親權除生活保持外，尚包括子女之教育、身心之健全發展及培養倫理道德等習性在內」可以知道。也因此，以往所稱的「共同行使親權」，現在更強調的是父母「共親職」。

另外，親權並不是一個全有或全無的概念，擔任親權人的一方也不是可以為所欲為獨斷獨行，沒有擔任親權人的一方常見的擔心是：對方會不會變更孩子的姓氏？會不會把孩子讓給別人收養？由於變更未成年子女的姓氏或出養未成年子女需要向法院聲請，法院會通知未擔任親權的爸爸或媽媽來表示意見，知道這件事後是不是可以讓父母們不會那麼焦慮、不會常常跟自己內心的假想敵作戰呢？

這個故事中的父母都希望自己可以成為孩子的主要照顧者，他們可以試著問問自己（這通常也是法官想問的）：我為什麼要當孩子的主要照顧者？目的是什麼？我有什麼資源可以給孩子比較好的照顧？如果孩子夠大，例如已經七歲或年紀更大了，可不可以親自或透過專業人士跟孩子討論一下，讓孩子在沒有壓力的情形下說出他們內心的想法？爸爸媽媽已經因為不斷的爭執而決定離婚，可不可以不要讓孩子再生活在爭執之中？這是這個故事中的雙方需要想一想的。

一旦決定了，就不要再因為孩子的照顧與聯絡產生衝突了，畢竟大家都愛孩子，不忍孩子受苦啊！

3-4

你的孩子無法解決你們的婚姻問題

法院如何決定與孩子會面交往的方式和時間？

當兩人之間只剩衝突、無法溝通，甚至連重視的事情、對事物的看法都南轅北轍時，婚姻又該如何繼續下去？

從淑惠的視角看來，自己的婚姻，無非是一個無法溝通的死結。

孩子的改變

淑惠說，她覺得十歲的大女兒受到了嚴重的影響。「她言行舉止，還有學校的表現都改變了。她在學校會像她爸爸那樣，很霸道，她會打同學，然後說是別人打她。」

在淑惠眼中，孩子絕對是因為兩人的衝突而感到不滿，甚至是受到影響。淑惠說，她覺得兩人吵架就吵架，但不要把孩子拉進來，「我都跟他說過了，但他每次吵架都要孩子在場。」

淑惠說先生總是嚷嚷：「都是一家人，為什麼女兒不能聽、不能看？」還總要在吵架當下對孩子問話，甚至在還有情緒的時候，把小孩子帶開，說些她的壞話，「其實我覺得給小孩的傷害很大。」

對淑惠來說，每個人本來就都有自己的想法，更何況女兒已經進入青春期。然而先生卻總是動不動懷疑女兒的想法，說她會那樣「都是媽媽亂教的」。

彼此的指責

除了孩子的行為以外，兩人對於管教孩子，更是有著完全不同的認知。

淑惠說，女兒以前是她在照顧，當時一切都很正常，但第二胎懷孕後期改由爸爸帶女兒，「現在就整個都走樣了」。

淑惠說，女兒常常覺得不受到爸爸尊重，但表達之後，爸爸只會說這是為女兒好。女兒私下還會問她，「為什麼爸爸會這樣？」「為什麼要叫我騙你、不要理你？」

但婚姻中的彼此指責，不只是這樣。

淑惠嘗試過改善關係的作法，比如自己看書學習說話方式、和個人諮商師討論等等。只是她說，當對方的心態不變，自己能做到的就很有限，「而且單方面一直這樣還滿累的。」

淑惠只覺得，對方每次都逃避溝通，根本不願意聽她講話，甚至是要逼別人承認他的想法。「我之前只是不想跟他吵，但長期以來，他就覺得那樣是對的。」孩子的管教與行為、先生從砸東西到動手的家暴、感受不到先生對家庭與她的關心、先生說追她時都是「假掰」來的……種種衝突與無法溝通，淑惠也早已疲憊。

諮商時有人「出作業」

當初淑惠主動尋求我們的婚姻諮商服務。相對於先生著眼於維持婚姻，淑惠似乎更著重在自我覺察上，她說很多人不敢面對自己，她鼓勵大家去諮商。

剛諮商時，兩人一切都很好，直到諮商結束，淑惠正好剛懷兒子不久，當時兩人間的問題簡直彷彿不復存在，「好像一個 Happy Ending」。

淑惠說，她發現當時之所以會感覺關係有改善，是因為每次都跟兩位諮商師討論、回報狀況，而先生就好像一直在「交作業」。一旦諮商結束了、沒有人「盯進度」了，就態度大變。

淑惠舉例，那時候先生每天玩電動、不關心家裡，她就試著規定，從下班回來到煮好晚餐前不能碰電動、要陪家人，至於晚餐後就是他自己的時間。「那時候他都有照做，生活習慣有調整，或是幫忙一些小事，像拿菜洗菜啊，關係就很好。」

只是後來兩人更加鬧翻，淑惠說，她很久以後才發現，對方同意諮商「是因為他覺得自己沒有錯，他想要讓第三者來證明是我的錯。」

其實，淑惠有提到，諮商時因為有第三人在場，以前吵架時雙方那些難聽的情緒字眼，就比較不會說出來，這也讓溝通變得比較順利一些。甚至他們吵架時，先生有時會找姊姊來現場。無論是淑惠還是先生，兩人似乎都更希望在衝突發生前，或是衝突發生時能有第三人的協助、介入，好讓對方冷靜下來或來評評理。

徹底切割，各自安好

淑惠眼中的先生，似乎不斷想要拉攏孩子來指責她，而她也覺得先生一直把精力放在經營家庭、婚姻關係以外的地方，完全不願聽聽她說話、和她溝通。

「我有提離婚了，只是他不願意簽字，所以聲請保護令時也同時訴請離婚。」

淑惠說沒想到調解第二次，先生就口頭同意離婚，但是探視的部分還在討論，主要是孩子也不想要去爸爸那裡，沒有先生在的生活，少了爭執，現在母子三人睡得很安穩。

淑惠說自己在等訴訟結束，要帶著兩個孩子遠離這個傷心地，希望能與先生徹底切割，自己會帶著兩個孩子搬回苗栗娘家重新生活。先生的脾氣暴躁、個性不成熟，不要跟孩子接觸是最好，從此各自過日子、互不打擾。

很多人是有了孩子而不敢離婚，但淑惠說她反而相反，孩子給了她力量，她要讓自己快樂、讓孩子安穩，「改變自己就好，不用想說改變對方。」

心理師想說

- **被拉入父母戰場的孩子**

面臨夫妻爭執時，淑惠的先生總要十歲的女兒在場，父母就像兩個小孩在吵架，沒辦法解決自己的問題，要小孩當父母的父母，當仲裁者。孩子是處理不了這些的，來自父母與自身的強烈情緒會把孩子淹沒。

面臨高壓情境的孩子，當下無法「逃」（離開現場），年僅十歲女兒的因應方式不是「戰」，而是「呆」（僵住）。若讓孩子長期目睹大人的衝突，孩子的身心、安全感、信任感都將受損，可能也學習到相同的衝突處理方式，如淑惠說大女兒在學校處理衝突的方式與先生是一樣的，因此父母需要將孩子移出戰場，保護孩子不在兩人的衝突中被戰火波及。另外，淑惠提到先生會跟孩子說她的不是、與孩子結盟對抗淑惠，這些都是讓孩子被「三角化」，孩子會認知失調，感到困惑，因為她知覺到的媽媽不是爸爸說的那樣。

父母要像大人般、要有成熟的能力處理衝突，需要將孩子移出戰場，保護孩子不在兩人的衝突中被戰火波及。就像很多新聞報導火災現場中的父母奮不顧身衝入火場救孩子，護犢是天性。父母因關係困境與衝突的情緒而做不了父母，讓專業資源進來幫忙是一個方式，如淑惠說她主動尋求婚姻諮商，透過諮商，兩人關係有短暫的改善。

● 不是我的問題

淑惠的先生願意參與婚姻諮商，表示仍重視關係，但淑惠認為先生沒有投入諮商，可以猜想先生是被逼出來面對的。有人想解決問題，但不見得他覺得自己需要改變。淑惠先生的態度是「我沒有問題，是我太太有問題；我會來諮商，但我不必做什麼，你（諮商師）搞定我太太就好」。先生處於看似太太說什麼，他就配合的態度，其實忽略自己在關係中的影響力。不管兩人的互動、婚姻諮商都是如此。

兩人若願意往修復關係走，可以去探討雙方的互動如何演變成淑惠的社會功能越來越好，先生的社會功能越來越差，而遇雙方衝突時，卻只有暴力這個選項，各自對關係現狀的貢獻是什麼？先生需要理解，淑惠在家務分工、溝通等要求底下的需求是什麼？淑惠需要理解，先生的被動配合實際上在意的是什麼？先生若老是被挑錯、被認為什麼都做不好，很多人最後就是擺爛，這又激起太太用更大的力道要推動先生，陷入惡性循環。

淑惠的自我思考方向：

1. 區分什麼是夫妻議題？什麼是親子議題？對於孩子的爸爸，是否允許孩子與自己有不同的情緒，或不同的看法？
2. 孩子與爸爸的關係疏離，對兩個孩子成長的影響會是什麼？

家事法官告訴你

實務上真的很多離婚的夫妻會跟對方說：「不要再來打擾我」，而當說這句話的人是帶著孩子、跟孩子同住的爸爸或媽媽時，這句話就會變成：「請不要再來打擾我們」，希望能和對方徹底切割，就算對方在事實上是和孩子存有血緣關係、在法律上有會面交往、扶養甚至未來還有繼承關係存在。

就會面交往來說，它不只是父母對未成年孩子的權利，也是孩子對父母的權利，也是多數孩子對未同住的爸爸或媽媽內心深層的期盼。所以《民法》第一〇五五條第五項規定，法院可以依未同住方的聲請，或法院主動決定未同住的爸爸或媽媽探視孩子的方式和期間。會面的方式有實體的面對面相處，也有透過科技設備來進行視訊或通話；有單獨和孩子見面，也有需要社工人員陪同在旁的會面交往；會面的時間有當日往返也有過夜。這些會面交往的內容，如果父母可以達成協議當然是最好的，如果父母沒有共識，那只好讓法院透過裁定來決定。

法院怎麼決定什麼樣的會面交往方式和時間呢？除了父母在法庭上的陳述和主張之外，法院也會透過社工人員訪視、家事調查官調查或程序監理人為孩子權益主張的意見，來了解孩子的意願及什麼樣的會面交往是符合孩子的最佳利益。

原則上，如果會面交往對孩子沒有危害，未同住的父母在不妨害孩子生活作息或就學的情況下，都有權利對孩子進行會面交往。但因為會面交往也要同住方的協助，如接送或安排交接等，所以父母一般都會約定固定時間進行，以方便安排彼此和孩子的行程。若是由法院裁定，法院也會擇定固定的時間，如每月第二個和第四個星期六早上十時開始到星期日下午六時為止，會面方可以帶孩子一起外出或回家同住，每週二、四晚上八時起至八時三十分止，則可以通話或視訊等。

但是，如果會面交往會危害孩子的身心健康，例如在會面交往時，有打罵孩子、數落或打探與孩子同住的父母、拒絕或延遲交回孩子等行為，則法院可能會依同住方的聲請，或法院主動決定由社工來協助會面交往。如果有嚴重的傷害行為，可能會禁止非同住方探視孩子，或在探視方達成指定行為（如提出就醫證明或完成親職教育）後，分階段逐步讓探視方可以自主探視孩子。

3-5 怎麼放得下？總是與前任藕斷絲連？

監護人、親權人、主要照顧者三者的差異

龍哥大前妻十歲，在工地包點小工程，在工地旁的檳榔攤認識當年才十八歲的前妻，兩人一見鍾情，很快就陷入熱戀、結婚生子，一切似乎都很美好。但孩子要上幼兒園時，前妻在家也閒不住了，選擇回到職場工作，而龍哥嘆氣說，這好像就是他婚姻破裂的開端。

離婚後，時時保持聯繫

目前與前妻已離婚好幾年，女兒就讀小學一年級。雖然當初協議離婚時，孩子是由前妻單方監護，但龍哥卻一直是女兒的主要照顧者。「當初會這樣協議，

是因為不想要孩子沒有媽媽，也要這個媽媽擔負起責任啦！我才把監護權給她啦！」龍哥一開口就有種豪邁的「氣口」。

以前兩人關係還好的時候，就連前妻出外上班，兩人都還二十四小時開著視訊，近期卻因為第三者的出現，前妻對龍哥是越來越不理睬。雙方的衝突越來越多，終於在孩子唸小一的時候，龍哥看前妻這麼堅決，心累的他決定放手。

但只要孩子說想媽媽，龍哥就會送孩子回去。只不過，接送的場所從前妻的新家，變成了男人的住家，龍哥越想越氣，他「帶了兩顆子彈」，跑去對前妻的男友說：「如果我女兒少一根頭髮，我不會放過你。」

龍哥對於前妻依然是一直放不下，兩人不只經常互動、打電話，就連前妻聲請保護令後，依然如此。我好奇地問，所以這張保護令，究竟是怎麼來的？結果龍哥開口就是一聲國罵。他說，那時候送飲料到檳榔攤上給前妻，卻遇到另名男子來找前妻聊天。

男子離開後，兩人爆發衝突，爭奪前妻手機，「我真的是不小心的啦，我不打女人的，我要是故意的，她會只有小指折斷嗎？」

是「她」打來的

在第三次會談結束前，龍哥的電話響了。

只見龍哥在熟悉的旋律下慌忙掏著手機，急忙掛斷後，心也不在會談了。我忍不住問：「是重要的電話嗎？」龍哥卻故作鎮定：「吼……是她啦。」前妻嗎？龍哥被核發了一年的保護令，而現在還在保護令期間，前妻不是應該要很害怕嗎？我終於忍不住問龍哥這是怎麼回事，但龍哥匆忙起身去洗手間，咻地離開了會談室。我終於想起來，那個熟悉的鈴聲，好像是動力火車的〈我很好騙〉。

一回來坐定，龍哥有點難為情地說：「我們一直是這樣啦！她有事也會找我……她是小孩的媽，總不行都不管她吧！我當初答應過她媽媽的。」

原來，前妻是單親家庭的孩子，龍哥想起過世的前岳母，他眼眶有點泛紅，想要緊守這個諾言。「照顧她……我會覺得自己很好；拒絕她，我覺得自己很自私。」他試圖說的更清楚些。

剪不斷理還亂

第四次會談，龍哥氣沖沖地衝進會談室，問我：「前妻是不是太過分了？」「小孩子離婚後都是我在養，她根本沒有出過一分錢，結果她現在以她是孩子的監護人，要跟我要孩子的扶養費！」

龍哥一聲國罵之後，說：「今晚我會找幾個人一起去她住的地方外面繞，叫她和那男的，給我出來講清楚！」

當我問：「你要是違反保護令被關，那你們的孩子怎麼辦？」，龍哥就好像整個人被按下了暫停鍵，然後慌張了起來。看來龍哥是真的非常重視孩子，連忙焦急地問：「老師，那我現在該怎麼辦？」

到最後一次會談，龍哥帶著女兒一起來到機構，開朗地說：「我這週都沒有隨 call 隨到囉！」我好奇問龍哥是怎麼做到的？「我就轉移注意力呀！然後一次之後我就發現，真的不會怎麼樣耶！前妻尋死覓活也沒有真的發生呀！」

原來，他嘗試之後發現，撐過了心裡的第一個崁後，事情就不再如他原本想像得那麼困難。但龍哥選擇用全有、全無的二分法嘗試與前妻保持距離。

「老師，我現在不接她電話、也不打給她，我只有完全切斷，不要看到她的人、不要聽到她的聲音，孩子也不要在那接來接去，她要看小孩，她就去安親班看，我想我慢慢就可以完全做到了。」

龍哥半開玩笑、半委屈地說，他覺得很對不起女兒，「是不是我這個爸爸做的不好，害她沒有媽媽……」

心理師想說

從龍哥的故事談兩個部分，一是龍哥於親密關係中的需求，二是離異後與前妻關係及互動的調整。

一、當你需要我，我是很有能力的

在婚姻關係中，龍哥扮演保護妻子的角色，即使離婚後，甚至後來龍哥被核發保護令，兩人的互動依舊如此。龍哥述說的理由是信守對岳母的承諾，「前妻也是孩子的媽，總不能不管她」，因而對前妻仍然是有求必應。

龍哥持續與前妻維持這樣的互動循環有其個人內在心理需求，每一次龍哥回應了前妻的請求，都弱化了前妻的功能。龍哥其實依戀著前妻對他的依賴，心理層面來說，這讓龍哥維持「我仍然是重要的、我是有能力的」自戀位置。當前妻想要展現自我時，就是龍哥失控的時候了，如前妻出去工作到前妻交男友。

龍哥在成長過程中不被父母看重，轉而在親密關係中滿足自己的內在需求。當承擔另一個人的心理需求而忽略自己的情感需求，是會有反作用力的，任何的付出都會有渴望的回報，特別當一方不斷付出時。龍哥需理解婚姻是兩個獨立的個體、成年人的組合，從來就不是找一個人來補足童年的心理匱乏、治癒童年的創傷。龍哥後來也願意嘗試拉出界限，透過心理師陪伴、學習衡量哪些事是前妻可自行處理的，探索自己為何無法拒絕前妻。

二、不是一刀兩斷，我們要繼續做孩子的父母

離婚後去除了夫妻的角色，但雙方仍然是孩子的父母。某些角色去除、某些角色保留，轉換是不容易的。特別當初不願離婚的一方，若未能調適至情感上、心理上的離婚，兩人互動關係與界限不清，則容易因一方有新伴侶，或因孩子事務而引發新的衝突。

龍哥最後提到以不接對方電話、不看到對方才能做到維持界限，改以對方自行至安親班接送孩子。常見很多離婚後的父母處於婚姻受害者的位置，不願對方探視孩子，但父母需理解進行探視是為了孩子，為了讓孩子在父母離婚後仍享有父母雙方的關愛，而練習將自己的情緒放一旁，讓探視順利進行。

龍哥的自我思考方向：

1. 我真的接受我們兩個人離婚了嗎？
2. 與前妻維持這樣的互動，我要的是什麼？
3. 當不理會前妻的請求時，自己的感受如何？如何去處理這些感受？
4. 我的價值與重要性來自於滿足前妻的請求嗎？

家事法學者告訴你

從本故事可知三件事情：第一，龍哥當初協議離婚時，孩子是由前妻單方監護，但龍哥卻一直是女兒的主要照顧者。第二，只要孩子說想媽媽，龍哥就會送孩子回去。第三，龍哥前妻以她是孩子的監護人為由，請求龍哥付扶養費。

一、監護人、親權人、主要照顧者概念不同

「監護人」是指因為小孩沒有父母親，或者父母親無法行使親權，例如因為家暴、性侵而被停止親權，法律規定由祖父母來擔任監護人。因此龍哥當初協議離婚時，孩子是由前妻單方監護，正確的說法應該是由前妻單獨行使負擔小孩的權利義務，簡稱為「親權」。換句話說有父母時叫「親權人」，沒有父母時才叫「監護人」。至於「主要照顧者」，則是離婚時約定由雙方共同擔任親權人，和小孩同住者就稱為「主要照顧者」。

本案沒有約定共同親權，因此龍哥前妻就是單獨的親權人，雖然龍哥是實際照顧者，但遇到重大的法律事項，例如就學、出國、醫療同意時，只有前妻有權利行使同意權。

二、離婚後小孩要如何探視

探視在法律上稱為「會面交往」，原本法律的設計是，沒有親權的人可以向有親權的人要求探視子女。本案因為是由沒有親權的龍哥與小孩一起生活，所以

龍哥並沒有主張探視的必要，而且只要小孩說想念媽媽，龍哥就會送孩子回去，本案在探視會面交往並沒有問題。

成為問題的是，日後前妻若要求將小孩送回時，此時龍哥就必須與前妻約定探視的方式和期間。實務上常常發生探視不遵守約定，例如不按照約定時間交還小孩，或者未按照約定時間來探視，建議應該約定處罰條款，例如罰錢等，但不宜約定違約者減少探視次數，因為這樣同時也會懲罰到小孩。

三、扶養費應由何人負擔

法律規定夫妻縱使離婚，對於小孩仍然有扶養義務，扶養費是用在子女身上的費用，所以應該由同住方向非同住方請求扶養費。本案前妻既然未與小孩同住，自然就不能要求扶養費。當然，如果當事人約定由夫妻一方單獨負擔扶養費也可以，但要注意的是夫妻不能幫小孩約定放棄對於他方請求扶養的權利，因為這是違反小孩利益，這種約定是無效的。

3-6 為什麼最後我什麼都沒得到？

法院如何酌定親權歸屬？根據哪些標準？

世賢，是位離婚後憤恨難平的爸爸，他內心不時會出現這樣的想法：「為什麼老天對我這麼不公平，害得我淪落至此，什麼都沒有？」

要證明自己的清白

世賢收到法院離婚調解的公文，才知道太太美華想要結束婚姻。對世賢來說，這自然是個天大的打擊，但世賢不知道的是，美華早就忍到不能再忍。那段日子，她長期有失眠問題，情緒低落，也影響到工作效率。美華到身心科就診，醫師說她有輕微憂鬱症，除了開藥，還建議她思考夫妻相處的問題。

美華想著想著，自己在婚姻中越來越不像過去的自己，也越來越不快樂，便到法院的家事服務中心諮詢離婚程序。

家事中心的社工除了回答美華的問題，也建議她可以採行夫妻接受個別諮商，或是夫妻共同商談的方法，不過美華說她工作忙碌，因而婉拒。

三個月後，世賢便收到了那紙公文。

世賢又憤又怒，他認為孩子還小，需要一個完整的家，怎麼可以離婚？世賢說，他在婚姻中很盡責，也沒有不良行為，為什麼要接受離婚？他要透過法官證明自己的清白，這場訴訟，他要打到底。

心生芥蒂的開始

回到最初那時，世賢與美華在大學聯誼場合見面。當世賢看到落落大方又氣質出眾的美華，心中的小鹿不自主跳了一下。

兩人順利交往，當時世賢對於自己沒有安全感，因此總習慣順從美華的想法，加上他做事嚴謹、一板一眼，美華覺得世賢很照顧自己，也很尊重她，兩人交往三年後便結為連理。

可惜，甜蜜的時刻沒有一直持續下去。

婚前他們說好要共組小家庭，自己的原生家庭自己照顧。但世事難料，婚後一年，世賢的父親過世了。

畢竟是這樣重大的變故，世賢說服美華一起搬回婆家。但共同生活並不如美華的想像，剛搬過去不久，她就發現婆婆時常會擅自進入兩人的房間。雖然婆婆說是舉手之勞幫小倆口打掃，卻屢次把美華的東西當作是不需要的雜物，隨手丟掉。

世賢一開始說會好好向母親溝通，婆婆也說以後會先問過她，同樣的事情卻反覆發生，兩人的衝突由此開始。

美華覺得世賢根本沒站在自己這邊，開始會在電話中向男同事訴苦、聊心裡的委屈。世賢懷疑美華有外遇、要求美華讓他看手機。美華覺得這是自己的隱私，世賢卻覺得沒做虧心事何必怕被看……

衝突升溫

彼此已不信任的兩人，還是生了兩個孩子。

果然，孩子並未如世賢以為的可以成為關係的潤滑劑，兩人的衝突在孩子出生後反而不斷升高。

世賢認為自己的學歷高於美華，希望小孩的教養方式「聽他的」，任何關於小孩的決定，世賢都不會和美華商量。一旦美華提出自己的想法，世賢便情緒失控地反駁，還嗤之以鼻反諷她。

自然而然地，覺得受傷的美華，越來越不願意和世賢說話。兩人分房睡，而對性生活的不同需求，又爆發更多衝突。每當世賢主動提出要求卻被拒絕，他就更加懷疑，美華是不是背著他出軌？

判決以後變本加厲

經過近兩年的訴訟開庭，法官最後判決離婚，將兩個小孩的親權交由美華行使，並由美華擔任主要照顧者，而世賢對於這個結果並不滿意。

他覺得自己失去婚姻，也失去了孩子。

亟欲得到孩子監護權的世賢，每次與兩個孩子會面時，都會偷偷錄音蒐證，想要找到媽媽對他們照顧不周的證據。但孩子發現了這件事，整個身心都不自在。

後來世賢聽說美華的某個男同事會與他們母子一起用餐，他又開始跟蹤美華，想再蒐集更多不利美華的證據。美華察覺並嚴正表態後，世賢並未收斂，反而是「肉搜」到男同事的臉書傳訊警告。這讓美華向法院聲請了家暴保護令，而當然，世賢對此更憤恨難平了。

不只是前妻讓他煩心，自己的媽媽也讓世賢受夠。媽媽責怪他沒爭取到小孩的監護權；世賢則氣她為什麼要插手自己的婚姻，害得自己落到這個下場。

隨著時間過去，事情沒有變好的跡象。或許是蠟燭兩頭燒的壓力，世賢總不斷詢問孩子：「搬回來住好嗎？你媽媽現在有男朋友了，沒有什麼心思好好照顧你們。」他也對孩子說：「爸爸一定要去法院再改定監護權。」讓兩個孩子都備感壓力，總是說不想去爸爸那邊。

可是，美華又想，如果孩子不去，世賢一定又會說是她洗腦了孩子，於是她又不斷勸說，告訴孩子：「如果不去，爸爸會去法院告媽媽。」

孩子被大人弄得無所適從，卻又無能為力。

而世賢最常想的是，他要怎樣才能爭取到兩個孩子的單獨親權？他不斷找律師諮詢，幾位律師都勸他放手，不要再興訟。但終於，世賢找到一名願意協助官司的律師，律師自信滿滿地握著拳頭：「放心，交給我，我有把握幫你打贏這官司，你繼續蒐證。」

心理師想說

● 我沒有錯，憑什麼離掉我

世賢說，他在婚姻中很盡責，也沒有不良行為，為什麼要接受離婚？採取戰到底的他，將這場離婚訴訟視為自尊之戰、清白之戰，拒絕面對關係已到懸崖。即使婚姻關係品質差，世賢也不想沒有婚姻，不接受對方要離開自己的事實，更不能去同理美華在婚姻中的苦。世賢唯有漠然才能堅持，一旦同理就無法堅持自己不離婚的主張。如此一來，他也就不用去面對離婚可能帶來的孤單、被拋棄的痛苦，於是意識上舉著「我要給孩子一個完整的家」的大旗，來控訴美華提起離婚是毀了這個家的人。

然而，美華若能先增加與世賢溝通的空間，個人也可以思考能做些什麼讓世賢成全她離去的決定。可惜，美華一開始就拒絕於社區機構與世賢進行商談，把訴訟當成戰場，讓世賢變成敵手，激起世賢更用力與之作戰。

法官判決離婚與親權之後，世賢認為自己一無所有，一直陷於對前妻的憤怒中。一向表現得有自信、覺得任何事都能掌握的世賢，離婚對他而言是人生最大的挫敗，於是控訴別人、不接受法院的最終結果，以逃避失敗帶來的恐懼。透過不斷想辦法扭轉局勢，找回自己的掌控感，試圖讓司法結果能如己願，有人會採取上訴、抗告，世賢則是要改定親權，要擔任孩子平日生活的主要照顧者，他帶著無知的相信，準備開啟一場司法大戰：「孩子是想跟著我的，我比對方更是稱職的父母。」也唯有如此堅信，世賢才更能合理化自己的作為。

● 孩子的無所適從

非同住方父母於週末、假日進行親子會面，目的是維繫親子關係，也讓孩子享有另一方父母的愛。會面是兒童的權利、父母的義務，但世賢並沒有把握這短暫的親子相聚時光，創造愉快的親子互動，而是利用這段時間蒐證，滿腦子想著從孩子的口中得知美華對孩子的不當對待，或告訴孩子他要改定親權，使孩子陷入焦慮、擔憂中。例如孩子會擔憂：所說的話是否變成法庭上父母相互攻擊的素材？父母是否會再開啟戰場？會變成要跟爸爸住了嗎？孩子內心塞滿憂慮，來回兩個家成為了壓力。世賢無法意識到自己的作為讓孩子更不想與他見面，反而指控美華對孩子洗腦，父母兩人又陷入相互指控、再度糾纏的關係，最終孩子的心只會離世賢更遠。世賢需要時間，透過諮商或其他自助的方式去消化這歷程中殘留的不甘心、憤怒等情緒，而不是把全家人再拖入一起痛苦的深淵。

世賢的自我思考方向：

提起改定親權是為了孩子，還是為了自己內心的失落恐懼？把心力投入另一場未知的司法戰，還是投入創造美好的親子時光，哪一個比較值得？

家事法學者告訴你

本件世賢與美華經過近兩年的訴訟，法官最後判決離婚，並將兩個小孩的親權裁定由母親美華行使，但父親世賢不願放手，不斷詢問孩子：搬回來住好嗎？

離婚過程中，涉及夫妻財產的部分比較容易協調，但涉及子女親權的部分，不容易協調，因此法院如何酌定親權歸屬，其審酌標準如何，不僅關係著父母，也影響子女之未來。尤其孩子面對父母離婚，心中最憂慮的是以後要和誰住？他們離婚是不是自己害的？許多父母卻無視於孩子的憂慮，不斷透過訴訟想要爭奪孩子的親權，就像世賢最後找到一名願意協助官司的律師，然而在這場爭奪戰中，孩子的聲音沒有人重視。

有關孩子在父母離婚訴訟中如何表達意見，自從憲法法院一一一年憲判字第八號判決以來，強調未成年子女有權利到法院陳述意見，並且應該由法院直接聽取孩子的陳述意見，造成法院都要傳小孩到法院。但依據《兒童權利公約》，兒童可直接或通過間接代表及適當機構發表意見，所以最高法院也認為：「為避免子女於各審級法院反覆陳述，或被迫在法官、父母面前抉擇，陷入忠誠義務之兩難，或需由專業人士協助確認子女陳述係出於其真實、自主意志，並未受到父、母或其他人之誤導或片面影響，或依專業人士之建議，不適合由法院親自並直接聽取等情形，應容許事實審法院於權衡各項事實因素後，有相當程度之個案裁量餘地。」

所以小孩是否主觀有表達的意願，或客觀有表達的能力，仍應該由法院做實質的認定，而非一律要求孩子必須到法院不可。而且兒童表達意見和參與的所有過程都必須是「自願」的——絕對不能逼迫兒童表達違背自己意願的意見，並且應當讓兒童知道，他們可以在任何階段終止參與。

家事事件沒有贏家，孩子不能搶，搶贏了也是輸，因為孩子不再有完整的家。因此法院酌定親權時，應該鼓勵善意合作的父母，以願意積極促成會面交往，或願意釋放更多會面交往者為親權人。另外也要鼓勵律師合作，家事事件不是擰毛巾，爭取越多越好，本案律師鼓勵世賢蒐證，造成當事人衝突加劇，實不可取。

3-7

「你怎麼可以過得好？」的受害者情結

共同親權或單獨親權的原則是什麼？可以「改定親權」嗎？

離婚，但孩子的親權歸屬結果不如己意，又該怎麼辦？

開庭，最憂愁的一日

「結婚前，你說要給我幸福的生活，結果呢？」

輝哥的太太在法庭上喊出這句話，不知道是憤怒、難過，還是沉痛。

是啊，結婚前那最甜蜜的時光，誰不是想像著幸福美好的未來，想像自己就像走完童話故事的王子和公主？

開保護令庭這天，是一個普通的早晨，卻似乎是輝哥最憂愁的一日。

我們陪著他進入法庭、面對即將發生的攻防。太太對輝哥提起保護令，更提出了先前兩人的對話記錄，證實輝哥對她曾有言語暴力、精神暴力的行為。那次法庭上，夫妻倆此起彼落的爭吵、指責不絕於耳。即使兩人的心都早就傷痕累累，他們依然用著利刃般的話語，無休止地畫在對方和自己的心上。

直到太太那一句「結果呢」的質問，伴隨著她停不住的眼淚，現場的空氣凝結了。輝哥面對太太的指控噘起了嘴唇，也紅了眼眶。

家事法庭內資深的法官，在雙方情緒動盪的這一刻，詢問夫妻倆是否有就此離婚之意願？「過去這段婚姻關係有第三者介入，其實外遇只是最終的狀態，那為何夫妻之間會走到這地步呢？外遇的先生願意回歸家庭嗎？而太太願意全然放下並原諒先生嗎？若雙方都認為這婚姻走不下去了，大可以當庭離婚。」

夫妻倆在法官的快速詢問之下，意見完全相左。輝哥說：「我不要離婚！我們孩子還小。」太太則說：「我受不了了，我要離婚。」

開庭的結果不如輝哥的意，對輝哥來說，外遇已經結束了，他的認錯是誠心的，家庭怎麼會無法繼續下去？

生活再也忍不下去

保護令開庭完不久，太太便訴請離婚了。從兩人的視角看來，對方都太過不可理喻，但……曾經相愛的兩人又是怎麼走到這步田地？

時間來到太太決心離開的那晚。

夫妻倆結婚已經十年，育有一女一子。那天晚上，兩人分別參加公司尾牙的聚會，相約搭計程車一起回家，卻在車上起了口角。

或許是兩人都喝了酒，情緒特別激動，太太在車上怒罵輝哥外遇的事情，一路又說到輝哥收入不如朋友的先生。輝哥忍著太太一路碎念，忍到了家，一股怨氣又化成了不停歇的數落。

兩人話不投機，太太也越來越激動：「你每天應酬喝酒，你有試著同理、體貼過我嗎？你算過我們一天對話有多少？你知道孩子們的行程嗎？你全部事不關己，這個家是我一個人的嗎？」

當然，任何人在氣頭上，是不會想反省自己的。輝哥也越來越惱怒，太太不體諒自己為家打拚的辛苦，只會碎念、只會要求自己去做家事，連吃飽飯滑個手機都有意見……。輝哥覺得，自己是做錯了事，但最後他選擇了家庭，與外遇的那位女子也斷乾淨了，該交代的都交代了，已經回歸家庭，為什麼不相信他？

於是兩人開始動手，太太拿起身邊的東西就往輝哥身上砸，兩個年幼的孩子目睹這一切只能大哭。輝哥不想孩子在場，於是硬拉著太太進房間，雙方激烈拉扯，太太哭泣不已。

這其實是自從太太發現輝哥外遇後，每週都會爆發的爭執場面。這樣的事情已經持續了四個月，太太再也不想忍了，這次，她聲請了保護令，並接著訴請離婚。

判決後仍沒有共識

司法程序持續了一年半，兩人的衝突依然沒有緩解，更沒有得到共識。

在這段時間中，輝哥也被轉介接受家事商談，試行子女會面，而太太得到核發的保護令，因此有四個月未讓輝哥見孩子。

輝哥不能接受這一切，他一直都不願意離婚。輝哥強調要給孩子完整的家，就算真要離婚，應該也要由經濟能力比較好的他得到孩子的監護權，並由他主要照顧。畢竟自己父母也能幫忙照顧孩子，而太太在他眼中情緒如此不穩定，對孩子的發展不利。

輝哥為此聘了律師，結果卻沒有如他所願。法官最後判決離婚，兩個孩子由雙方共同親權，由太太平日主要照顧，輝哥每月一、三週接孩子進行探視，每月負擔兩名孩子共一萬五千元的扶養費。

不安穩的句點

輝哥對於判決結果並不開心。

兩人離婚至今已經兩年，輝哥每晚下班回到空蕩蕩的房子，總忽然有種侵蝕內心的孤獨感受。

離婚後的前妻似乎過得越來越好，輝哥打開臉書，看到的是她開始改變髮型、參加聚會，一副開心的模樣。再加上每次去接孩子時，前妻越來越亮麗，他總覺得自己好像什麼都一團糟，甚至自己才是毀了這個家的人。

兩人的分開並沒有劃下一個安穩的句點。

輝哥也想爭取更多陪伴孩子的時間，但前妻堅決依照法院的判決進行。輝哥也不同意前妻為兒子安排的國小，覺得自己是被逼著簽入學登記同意書的。他越想越不甘心，都已經離婚了，為什麼自己還要受制於前妻、處處妥協？

輝哥因此又開始諮詢起律師，希望能改定由他單獨親權……

心理師想說

● 我要的幸福你給不了

在保護令開庭現場，輝哥的太太於法庭上喊出這句：「結婚前，你說要給我幸福的生活，結果呢？」這反映出太太很大的失落，這樁婚姻已經走到語言、精神暴力，以及外遇的多重困境，面對外遇風暴，輝哥說：「不要提了，我已經回歸家庭了。」太太會反覆確認：「你人回來了，那心回來了嗎？」輝哥越忽略太太的傷，太太會以更強的力道要輝哥經驗她的苦，於是以外在攻擊的形式傾瀉她的傷痛。這段婚姻關係的地基不穩，顯然已無法耐受這樣的衝突並自行修復。

太太憤怒地對輝哥說了：「你知道孩子們的行程嗎？這家是我一個人的嗎？」可見婚姻中長期有一人多勞的情形，太太在家庭中成為過度付出的一方，相對會期待輝哥有對等的回饋。如此靠長期隱忍的方式維持關係，壓抑的憤怒終將會找出口還擊，而就爆發在發現輝哥外遇之後，雙方激烈衝突長達四個月。

●彼此給不了雙方要的

文化賦予男性賺錢養家的性別刻版壓力，現代社會期待先生要同時是「大男人」與「小男人」。當太太抱怨輝哥不分擔家務時，輝哥覺得太太不體諒他一整天上班辛勞，他需要滑手機喘息。同樣，文化上也期待家庭照顧責任是女性承擔，彼此都給不出雙方要的體諒與同理。面對輝哥對於家庭的投入，不管是陪伴或經濟收入都不如預期，太太內心深層有失敗的恐懼，「我選錯人了嗎？婚姻要走向失敗了嗎？」因內心的不安全感而採取言語激將法，卻是觸發了輝哥深層的低自尊，而輝哥的外遇也傷了太太的自尊。雙方情緒失控反擊，情緒高張的底下都有很深的痛苦與失落，兩人更是處在雙重束縛的困境中，無法靠近也無法分開，直至太太申請保護令、訴請離婚。

●都是你害我的

最後，這一路走來的離婚訴訟到後續孩子事項的決定，輝哥失去了原本家庭中他說了算的權力主導位置。離婚兩年後，他仍沉溺在自己是受害者的位置，情緒上很想擺脫這個他認為把家搞毀又讓他痛苦的前妻，因每一次見到前妻呈現出來的美好，就會照映出他的不好。人在壓力下，會更執著於自己的舊模式。輝哥不相信自己跨步往前可以有不同的生活，覺得停留在原點比較安全，不需要冒險，於是在原點打轉，傾所有注意力於前妻與孩子的生活，讓情緒也與過往這些事件綑綁在一起。

輝哥的自我思考方向：

如何能不讓婚姻的痛苦、與前妻的關係，影響自己與孩子的關係？

家事法學者告訴你

離婚案件夫妻能夠好聚好散的，大抵為兩願離婚；而裁判離婚的案件，由於當事人為了爭奪子女親權常常妖魔化對方，無法好聚好散。

父母以「愛子女」之名爭奪親權，但在訴訟攻防中，受傷害最大的卻是子女。根據二〇二一年的統計，我國裁判離婚共有一千一百零七件，其中法院將親權裁定給父親的有兩百五十四件，裁定給母親的有六百七十八件，共同親權則有一百七十一件，另外四件則由其他親屬或社會福利主管機構擔任監護人。由以上統計可知，法院針對親權事件，仍以裁定給母親居多。本件法官最後裁定兩個孩子由雙方共同行使親權，由輝哥太太擔任主要照顧者，應該是屬於比較少數的。

父母喪失親權，通常是因為性侵、家暴而被法院停止親權，或者本身因為疾病受監護宣告而無法行使親權，因此夫妻離婚不應該成為喪失親權的原因。國外父母離婚，原則都是以共同親權為原則，但我國則因為夫妻裁判離婚關係惡劣，因此原則上都採取單獨親權。基於父母離婚對子女的權利義務不應有所改變，故我國仍應以共同親權為原則。

法院若裁定父母共同行使親權，倘若非同住方事事杯葛，顯然不利於子女順利成長，因此實務上法院若裁定共同親權，大多會決定由何人擔任主要照顧者，並決定只有重大事項，例如子女出國、就學、改姓、重大醫療等事項須由雙方同意外，其他則由主要照顧者同意即可。這些重大事項並得於戶籍記事欄中註記，以作為主要照顧者行使同意權的依據。

由此可見，共同親權建立在父母能夠互相合作的基礎上，如果其中一方故意離間子女，例如用情緒勒索子女，阻擋子女與非同住方會面交往，或者非同住方於會面交往後，不讓子女返回，企圖造成「先搶先贏」的事實時，均屬對於未成年子女有不利之情事，此時同住方對於非善意的一方即得主張改定親權，聲請法院由共同親權改定為單獨親權。改定親權必須是原來的親權人有未盡保護教養之義務，或者對於未成年子女有不利之情事，亦即，原親權人必須不適任才能改定。而離婚親權酌定則是由較適任的父母擔任親權人，未被選任的人並非就不適任，「酌定」與「改定親權」不同，須明確區分。

第4部

一別兩寬各自歡喜

——離婚後平靜生活

4-1

心理上，也有結束一段關係的能力？

離婚夫妻的債務與孩子扶養費如何處理？老後能要求子女照顧嗎？

「如果要給我的婚姻一個標題，我覺得好像遇到詐騙集團。」

淑娜離婚將近三年，面對曾經的婚姻，早已可以幽自己一默。無論婚姻、親子教養，甚至是孩子與家暴前夫的關係，如今對她都像已走過死蔭幽谷般，留下的只有無懼與坦然。但淑娜在得到現在的灑脫前，也走過一段糾結、反覆的路。

淑娜與前夫交往十一個月便結婚，在關係中一直是主要扛起經濟的人。誰知婚前兩人甜蜜，但步入婚姻後，前夫卻立刻變臉，甚至演變成家庭暴力，讓淑娜身心瘡痍，也讓兒子因目睹家庭暴力而產生創傷。

淑娜說起以前的經歷，講得淡然，情節卻總令聽者有些錯愕。從兩人的分分合合，可以聽得出淑娜那段時間一直不想放棄溝通，也一直考慮得很多。

婚姻走不下去，為什麼？

對於自己的婚姻，淑娜原以為是兩人價值觀的差異造成分離。

先生一直會向她「申請經費」來創業，幾乎都以二十萬起跳為單位來提案。淑娜同意了其中一個想法，讓先生創立小型的觀光公司，但先生創業後無心經營，三天打漁兩天曬網。而真正擊潰淑娜的是：只要朋友一來電話，先生便風雨無阻出門。

喝酒、聚會、總是爛醉，彷彿永無止境；連假、過年、平日、白天、晚上、凌晨……任何想得到與想不到的時間，淑娜攔也攔不住，甚至因此遭到暴力，被高大的先生抬起來翻轉壓制。傷的不只是她，也傷了一旁目睹這一切兒子的幼小心靈。

結婚六年，他跑了三年

講起這段關係無法溝通的你跑我追，看得出淑娜也早已疲憊。先生第一次離家，跑了九天，第二次離家，便直接「升級」到一個月。每次丈夫離家，都要淑娜先放下身段找他回來，而先生回來後，只要遇到要喝酒、要出門，而淑娜不願意，他便又不再回來。最後淑娜向法院訴請離婚時，那是丈夫某次「離家」的第十一個月。

說到前夫竟能丟下孩子與家庭如此之久，她難得激動。前夫的逃避帶來太多的影響，在試圖溝通總是未果的情況下，淑娜只能自立自強，兩人間的裂縫也越來越不可能修補。

不論金錢、親子、溝通，兩人的關係各方面始終都在追逐，難以互相理解。淑娜已經糾結了太久，看著自己身心四處是瘀傷，這些事件和她受到的暴力，終於構成了離婚的決心。淑娜開始整理所有的證據要向法院訴請離婚。

離與不離的糾結

走到最後的果決態度之前，淑娜仍然糾結了很久。

「是不是我個性太強勢？是不是他壓力太大？是不是他能力不足無法面對？」前夫在婚姻中不斷逃避一切溝通、我行我素、逃家數月不歸、施暴，甚至帶孩子去粉味卡拉ＯＫ喝酒。面對這樣的前夫，淑娜也曾說，一開始一定會考慮孩子，或者替對方著想。

「就只能裝沒事呀，一樣我繼續工作、繼續供給金錢，而且因為他開一間公司，一直告訴我有缺口，我就一直調錢。」

檢討自己、檢討對方、檢討整個關係……淑娜說到她真正心累的那一刻……前夫第無數次動手後逃家。「情況沒有因為你的釋懷變好，而是一次一次一次的……」

拉拉扯扯了三年才下定決心離婚，「能夠離總比離不開好」，接下來就是實行的問題。

淑娜花了兩年時間，最後拿到了一紙判決。目前前夫仍然不斷拖欠孩子的扶養費，到了法院討論的探視時間，前夫往往也不主動要求見孩子。淑娜每個月只要時間到了，還是會傳訊息告訴前夫，「餘款請盡快繳清，你已經欠到十幾、二十萬了。」進行這個告知的義務，是對孩子未來的保護，「我會怕他爸爸年老無法負擔自己的生活，反而要求孩子去扶養他。」

照顧者坦然，孩子也坦然

淑娜想通了各人都有各人的人生，「你現在問我，我再回頭看，這些糾結都沒有了。」

淑娜已不像當初怕讓孩子跟爸爸見面，只要對方有要求，她會鼓勵孩子跟爸爸見面。她覺得孩子自己也要面對家庭關係，也要面對這就是他的爸爸。「等他越來越成熟，他要自己去面對他的人生，而不是說我一直擋，讓小孩一直疑惑為什麼沒有爸爸。」

心理師想說

離婚三年後的淑娜笑說，這一段婚姻是遇到詐騙集團。即使前夫不斷離家、欠債等，她仍盡一切努力迎合前夫的需求，無法放棄一段已變質與腐敗的關係。淑娜說先考量的是孩子或是對方，直至孩子出現目睹家暴的創傷，她才選擇放手，如同很多為人父母會說，不放棄婚姻是考量孩子，認為自己受傷無所謂，家全了、孩子就會好。

在這處境中的父母可以思考的是，在心理層面是不是沒有主動離開、結束一段關係的能力？如淑娜說有太多內在的糾結，若為孩子苦撐，能獲得社會認可；若是為自己而結束婚姻，則是自私的，同時需要面對親密關係挫敗、失落的痛苦，「不變動」也許是諸多衡量下的選擇。

- **過度負責與不負責的配對**

每個人會用不同的方式來確認自己存在的價值，有人可以自我肯定，有人需要透過關係來肯定自己。心理健康的人可以從兩者皆獲得認同，而不是截然二分地只能靠自己，或靠關係來獲得自我價值。

看起來淑娜以犧牲、付出來凸顯自己在親密關係中的重要性、不可取代性，淑娜與前夫形成的配對關係為一個過度負責任、一個逃避責任。過度負責的人否認自己也需要被照顧，時常將自己的需求擺於最後，羨慕對方可以做自己，甚至批評對方是自私的，想問自己為何無法擺爛呢？

逃避責任的人則是不相信自己的承擔能力，看起來一事無成，遇到問題總是有人幫忙善後，未經驗與承擔問題帶來的後果。淑娜以迎合討好的方式，想讓前夫負責任、回歸家庭，但前夫從婚姻中到離婚至今，仍然未負擔孩子的扶養費用。

對於前夫沒有意願或能力撐起身為父親的扶養責任，離婚後的淑娜將這份「該如何繼續做爸爸」的責任還給前夫。她了解到爸爸要在孩子成長中留下什麼樣的印記，是爸爸的責任，她選擇做自己該負責的部分，經營自己的母子關係。

淑娜與前夫的角色界限清楚了，就不再將過往父子會面時的焦慮傳遞給孩子。

淑娜的自我思考方向：

回想離婚時的反覆糾結，真正放不下的是什麼？這又與個人的價值、信念，或個人成長經驗有何關聯？

家事法學者告訴你

本案所涉及的問題除淑娜所遭受的家庭暴力以外，另外還包含淑娜先生向她申請創業經費，夫妻間所留下的債權與債務，還有前夫拖欠孩子的扶養費，以及淑娜怕孩子的爸爸年老之後要求孩子扶養等三個問題。

一、夫妻間的債務能否成為剩餘財產分配的標的？

所謂「夫妻剩餘財產分配請求權」，是法律為了評價夫或妻對於家務、教養子女、婚姻共同生活貢獻所設計的計算規定。剩餘財產分配請求權的本質就是夫妻對婚姻貢獻及協力果實的分享。由於夫妻一方對他方負債，對於夫妻財產的增加並無貢獻，如果這個債務還可以列為扣除婚後財產的債務，將使該債務頓時消失，他方的婚後財產卻還要加計該債權，一減一增之下，他方的債權因剩餘財產差額平均分配變成減半，負債者反而坐享其成，取得這個債權的一半，非常不公平。

換句話說，淑娜辛苦賺錢借給不努力賺錢的先生，先生針對這個債權反而可以要求分一半，對於淑娜非常不利，所以淑娜借錢給先生的債權，不應該成為夫妻剩餘財產分配的標的。

二、拖欠孩子的扶養費

父母對於未成年子女的扶養義務不會因為離婚而受影響，因此淑娜與先生離婚之後，淑娜先生仍有負擔子女扶養的義務。如果淑娜先生不支付扶養費，淑娜可以依據不當得利，請求先生支付淑娜代墊的扶養費用。如果離婚當時約定由淑娜單獨支付扶養費，雖然日後淑娜亦得以小孩名義向先生請求扶養費，但先生支付扶養費後，又可依當時的約定向淑娜請求返還扶養費，最高法院認為如此循環求償，顯不合常理，故不得主張。

三、父親老後能否請求子女扶養

直系血親間互負扶養義務，所以淑娜先生老後，若身無分文不能維持生活，即可以要求成年子女扶養。但《民法》規定如果父親當年對於子女，無正當理由沒有盡到扶養的義務，且情節重大者，就可以要求法院減輕或免除其扶養義務。淑娜傳簡訊告訴前夫，盡快繳清欠款，就是為了要留下父親未盡扶養義務的證據，將來父親若要求子女盡扶養義務，就可以依據這個證據，向法院請求減輕或免除扶養義務。

4-2

背負了父母幸福責任的孩子

何種情況違反夫妻同居義務？什麼是不同居的正當事由？

雅言當年因為先有了孩子，在重重考量與模糊的未來想像之下，莽莽撞撞地就進入了婚姻。但她說，她其實一直不想要結婚。

如今距離法院判決離婚過了好幾年，她似乎已找到了與自己和解的方式。她說起話來風趣、穩重，整個人也更加自由、開朗。

他愛的是自己

「一直以來，他都比較愛自己。」雅言一語道破前夫在關係中的問題。

前夫大她十來歲，差距不小，而當時她才約莫是讀完大學的年紀。她說，前夫當時一直把她圈在身邊，不讓她有自己的生活圈，甚至試圖隔離她與其他人的交流。

婚姻對雅言而言，似乎是個因為太年輕所犯下的錯誤，事實上，雅言早就知道自己不想跟他結婚，「但是我又不想孩子的父親欄是空白……」

雅言向我們說起那個「只愛自己」的對象，雖不留情，卻也不失幽默。她笑說，「他就是一個……製造垃圾的人啊。」原來前夫在生活中，大小事一概不管。無論是經濟、生活或顧小孩，前夫似乎只顧著玩自己的手機、電腦，既沒有收入，所有的家事也不幫忙。

雅言說，她覺得自己是務實的人，雖然並不想結婚，但畢竟頭也洗下去了，若先生能好好生活、盡到丈夫和爸爸的責任，大家大可好好生活下去，但她覺得自己一直是一個人養一老一小兩個孩子。

離婚，對孩子比較好

婚姻撐了七、八年，雅言最後還是為了孩子，提起了離婚訴訟。

樂觀風趣的雅言，說起孩子當年遭到怎樣的對待，卻壓不住情緒，哽咽了起來。她說，她覺得自己拖了很久，有段時間一直都處在負面情緒中，更讓她覺得對孩子好抱歉。

她曾被動地希望前夫乾脆動手，讓她更好離婚，但思考到最後，她想，自己還是要為了孩子而準備好，「離婚，才是對孩子最好的。」

當年前夫也曾努力過，他曾試著去開計程車，也和雅言一起搬出婆家。但即便如此，孩子卻從未被爸爸放在心上。

雅言與前夫在離婚前，便已經分居了許久。有段時間，雅言曾想相安無事就好，畢竟也已分居，小孩每週只去爸爸家一天。但孩子每次一回來都說頭痛，因為爸爸抽菸，也不會因為小孩在就不抽。

「甚至小孩有說過，曾經有客人摸他，他覺得不舒服，但爸爸沒有阻止。」

雅言面露難色，她說，每次孩子過去，爸爸都在玩自己的手機，讓孩子吃泡麵。有朋友知道了情況，還會幫小朋友準備吃的東西送過去，說到這裡，雅言一下子按捺不住情緒。

即使如此，前夫還會向孩子說媽媽的壞話，甚至對雅言說：「好啊，離婚小孩就歸我，你到小孩成年都不准會面。」

前夫使用情緒勒索的方式，對雅言說：「孩子會有這些遭遇都是因為你。」幸好雅言仍保持清醒，她說，她很心疼孩子，但「你也不能這樣綁架我」。

雅言花了很長的時間，先處理完她名下那些由前夫與婆家造成的負債，接著終於提出訴訟，決定要離開這一切，不再讓自己處於負面情緒中。

只是雅言說，過程中她最心疼的還是孩子。雅言是經由法院判決離婚，當時，才就讀小學的孩子也有上法庭作證，「那對他來說是一個很大的壓力。」而且爸爸一開始，就一直對孩子說：「有媽媽就沒有爸爸」，讓孩子深信不疑。雅言花了很多時間，並尋求我們的幫忙，才讓狀況不穩定的孩子逐漸好轉。

更快速、更堅決的決定

雅言說若是時光倒流，她會離開得更快速、更堅決。孩子曾自責地對她說：「你生我讓你這麼辛苦，為什麼要生我？」雅言說，她希望自己更早有勇氣，更早求助解決整件事情。

若時光還能回到更早以前，「我就會說我生小孩，但我不結婚。」

雖然離婚判決確定時，雅言是心情愉悅地前往戶政事務所，但她說準備離婚的那段時間，她其實一直覺得很愧對孩子。她花了很多時間向孩子說明什麼是離婚，直到孩子看來可以接受，她才前往法院提起訴訟。

如今的雅言和孩子過得不錯，她說，自從判決確定，前夫幾乎都不再聞問，既從未主動要探視孩子，也不曾付過扶養費。

好在孩子似乎也逐漸能夠看開，自己並沒有特別想要走進另一段關係，但兒子好像很想推自己一把。「剛離婚的時候他很執著，說我要去挑新爸爸的時候要帶他一起去。」但後來，兒子似乎漸漸覺得媽媽一個人做得還行，反而不那麼堅持要有新爸爸了。

雅言對前夫雖然不諒解，說起話來語氣卻一直很坦然，她知道她過得好，孩子就會好。

心理師想說

• 因為不想讓孩子的父親欄空白

雅言說，先生曾努力去工作、搬出婆家，但在挽回這段關係感到挫敗，且無法以「我」這個人來讓對方留下時，就動用雅言最在意的「孩子」。他告訴孩子「有媽媽就沒有爸爸」，告訴雅言「若要離婚就孩子留下，永遠不要見孩子」。於是孩子被迫捲入父母的戰場，成為箝制另一方的武器。有時候，孩子會自我犧牲來擺平兩個大人的困境，例如孩子會心疼看起來是「弱者」的那一方，希望媽媽不要那麼痛苦過日子；心疼爸爸孤單一個人，即使想跟著媽媽離開，也會表達他想跟著爸爸，隱藏自己真正的需求。

• 孩子背負了母親幸福與否的責任

「如果不是因為懷了你，媽媽當初不會結婚」、「如果不是因為有你，媽媽早就離婚了」，很多母親無意中會將自己婚姻不幸福的責任推給年幼的孩子承擔。孩子懷著對母親的幸福幫不上忙的愧疚、無能為力的難受，這種負面難以言喻的感受持續擴張，就是孩子覺得自己不該活在這世上。

有些孩子是被父母無形中徵召，有些孩子是自己涉入父母的紛爭。當孩子與大人的情緒沒有分化，而是遭父母大量的情緒吞噬而沒有了自己，有著與照顧者對另方父母同等的情緒，如恨與憤怒，到行動上切割不往來的關係阻斷，孩子表現恨另方父母，恨他狠心拋棄、恨他不負責任。孩子面對照顧者情緒產生的無力感，終究不是孩子「能」處理或「需要」處理的。年幼的孩子自小看著自己最愛的兩個人如何走到天崩地裂、形同陌路地不相往來，最終恨自己的無能。

若兒子以母親的幸福為人生職志，將來兒子長大成為男人時，很難與另一個女人有心理上的靠近。自小吸納母親苦痛的兒子，日後當他的太太抱怨時，男人無法同理，潛意識是「你再怎麼苦也比不上當年我母親的苦」。男人內心承載母親苦痛的份量太重了，於是無法同理太太的抱怨，而當太太感受不到先生的理解與支持時，又會找他們的孩子來獲得支持與同理。他們的孩子成為太太精神上的配偶，孩子成為父母的父母，成為當年那個陪伴母親的年幼的他，於是形成代間不斷的循環。

雅言的自我思考方向：

前夫離婚後，也有他內心需要自己消化的部分，為了不讓孩子覺得被爸爸拋棄，能否鼓勵兒子主動與父親聯繫？

家事法官告訴你

可能很多人會認為分居是當然的離婚原因：沒有住在一起了，不離婚要幹嘛？如果是兩造都有共識當然沒問題，但若要讓法院判，依我國《民法》第一〇五二條所規定的裁判離婚事由，並沒有分居這一款項。比較有可能的就是看是不是符合惡意遺棄，或婚姻有重大事由以致於難以維持的要件，所以，分居許久並不當然就可以離婚。

《民法》第一〇〇一條規定夫妻互負同居的義務，除非有不能同居的正當理由，所以，一般在認定惡意遺棄這個要件時，不只需要夫或妻有違背同居義務的客觀事實，就是離開夫妻原本共同的住居所這樣的事實；還需要這個離開的夫或妻要有拒絕同居的主觀意思，也就是沒有不能同住的正當理由卻拒絕同住，才能認為是惡意遺棄。因此，夫妻之一方如客觀上已不與他方同居生活，且主觀上亦已表明拒絕與他方同居的意思，就符合惡意遺棄這一款的事由。

至於什麼是可以不同居的正當事由？當事人常提到的理由有被家暴或是因為工作而無法同住。被家暴而離開同住的地方應該可以算是因為害怕再繼續被暴力相向，而在一段相當的期間內不同住的正當理由。但如果以被家暴為理由而三、五年都不回家同住，而且施暴的人也沒有再有暴力行為或可能導致暴力的因子，如酗酒或施用毒品等，要單純以多年前曾被施暴而主張有不同居的正當理由可能有困難。以目前工作的多元化及交通的便利性而言，要以工作為由作為不履行同居義務的正當理由，就更是難上加難了。

關於婚姻有重大事由以致於難以維持的部分，法院實務上認為婚姻是以夫妻共同生活為目的，夫妻雙方應該要相互扶持，甘苦與共，以互信互諒為基礎，並伴隨著夫妻的情愛共同建立和諧美滿的家庭。如果雙方因理念上之重大差異，各持己見，長期分居兩地，久未共同生活，導致感情疏離形同陌路，不再存在誠摯互信的基礎，依一般人之生活經驗處於同一境況，均會喪失維持婚姻的想法，而且也顯然難以期待可以修復，則雙方共同生活的婚姻目的已經不能達成，就認為是符合《民法》第一〇五二條第二項所定難以維持婚姻之重大事由。

至於分居多久算是長期分居？十幾二十年當然算是長期，至於分居未達此期間的夫妻，又要看兩造互動的情形。若兩造的婚姻名存實亡，且雙方漸行漸遠，終至無法共同經營婚姻，就算法院轉介進行婚姻諮商或伴侶家事商談，夫妻間仍存在很大的歧見，應該就可以算是符合婚姻有重大事由以致於難以維持的要件。其後法官就要衡量，夫妻之間誰對於婚姻發生破綻要負較大的責任，來決定原告請求離婚有沒有理由了。

4-3 你不讓我看孩子，我就不付扶養費

司法裁判如何能擺平內心傷痛？

放下，終究是件不容易的事。

義明與前妻纏訟許多年，身心俱疲，而這故事中的四個人，彼此牽扯，似乎各人都有各人的難關。

從國中到離婚，那麼長的人生故事，要從義明當兵以前開始說起。

兵變與離婚

國中時，義明有兩個形影不離的好朋友。阿武是他的好兄弟，小美是他的青梅竹馬，三個人總是玩在一起，那樣的青春，好像某種偶像劇的開場。

時光飛逝，義明和小美交往了。

二十三歲大學畢業，那天義明收到了兵單。他心想，雖然當兵要兩年時光，但兩人相愛，一定沒有問題的。義明搭上火車前往軍營，當兵的這兩年，義明抬頭看著星空，每每想起小美的臉，彷彿是心上人在為自己加油打氣。

兩年過去，義明退伍了。回到家他才知道，這兩年小美有了新的對象，也已經作人婦，婚後生了兩個孩子。

義明心裡有憤怒，但更有心疼，因為小美被丈夫家暴到嚴重骨折。

經過一番波折，小美終於逃離家暴的前夫，與義明結婚。只可惜，這並不是「王子與公主從此幸福快樂」的童話故事。義明與小美的婚姻只維繫了三年，小美當時便不斷吵著要離婚。

時間回到現在。「為什麼當初你願意接納兵變的她呢？」義明與小美即使已經離婚，仍然吵得厲害，因此社工忍不住這麼問。

「我看她可憐啊！一個女人被家暴，帶著小孩怎麼生活？」社工聽出了話裡的玄機，繼續追問，義明吞吞吐吐地說：「當時有愛，現在沒有了啦。」問到最後，也不知義明是分不太清楚自己的感情，還是覺得男人說情愛未免害羞？又或者……是不願承認自己曾經愛過小美？

朋友妻不可戲

義明的話語又轉為憤怒，他和小美育有一子，離婚時兒子才兩歲。在一連串我們習以為常的髒話之後，義明又氣憤地說：「朋友妻不可戲，你知影毋？」

原來，小美會和義明離婚，竟是因為小美與當年的好友阿武搭上線。

當初小美吵著要離婚，義明就覺得應該是小美給他戴了綠帽，於是從那時開始，義明就不斷做出騷擾小美與阿武的行徑。

尾隨車輛、把車停在對方家門、到對方家裡叫囂……對義明來說，自己才是全天下最倒楣、最可憐的受害者，好朋友和前妻都背叛自己，這些「理所當然」的行為何錯之有？

放不下理還亂

離婚這三年來，義明不僅不快樂，人際關係也不好。

他有次在路上遇到阿武和小美，雙方擦撞事故，義明又要負擔肇事全責。再想到離婚三年來，自己被法院裁定三次保護令、一次延長保護令，那時自己還遇到失業……。無論是對愛情還是友情，甚至社會制度，一切的一切，義明心中充斥著痛苦、憤怒，還有不甘心。

他對於小美為何能過得這麼好感到氣憤，也覺得自己被裁定保護令、要擔車禍全責，是因為司法和警政制度有問題，於是每次和社工談話都以一聲「幹」開場。

但偏偏義明也得不到朋友或家庭的支持，對於老是跑法院、糾纏前妻，原生家庭也不想管他，唯一會聽他說話的，就是家暴相對人服務方案的社工了。社工提供了職訓資源，義明倒也乖乖前往。

在職訓過程中，他邂逅了同樣有離婚經驗的小燕，兩人一拍即合。本以為義明該因此放下執著，和小燕好好過日子了，卻沒想到義明反而陰錯陽差地發現了報復的「好方法」。

小燕原本也有兩個孩子，但因為義明會對前夫的探視感到吃味，她便順著義明，拒絕讓前夫探視孩子。可是這麼一來就是不履行子女會面約定，小燕前夫便至法院提起子女會面強制執行。

義明這時發現，原來可以透過至法院聲請酌定子女會面，既讓他有機會和五歲的兒子見面，也能讓小美跑法院，以此來「報復」啊！

原本義明在結識小燕後，與前妻小美就形同陌路，他不付扶養費，小美也不讓他見孩子。但現在義明心想，他要讓小美不斷進出法院，於是至法院聲請酌定子女會面。

義明與小燕同時分別與前配偶開戰，但這段時間，義明也不好過。他不斷進出法院調解、開庭、配合各種調查、訪談、參與親職課程、個別諮商、試行會面的要求……而義明也被小美反請求提起給付扶養費、返還代墊扶養費。

義明與小燕被迫接受現實，他們無法阻止小燕的前夫接觸孩子，而在司法系統進進出出三年，原本懷著報復心態的義明，自己也身心俱疲。

最後讓義明放下的，終究是「累了」。疲憊的義明決定妥協，自己與小燕、小美與阿武，兩對夫妻間已沒有什麼情分，要說仇恨也已經太累了，不如各過各的就好吧！

現在的義明每到約定時間，就會去接兒子過來，也每月定期付三千元的扶養費，他終於領悟到，自己與小燕現在所擁有的生活，才是重點。

心理師想說

- **司法擺不平內心的傷痛**

面對好友與前妻背叛自己，加上工作、生活的不順遂，義明有著自己的創傷與痛苦，但他不是啟動自己的力量來處理這些痛苦，而是把力氣放在「外控」上，藉由司法來進行他所謂的「報復」，如「我要告死你」、「我要讓你一直跑法院」。

然而，司法歷程能消解這些個人的傷、恨與不甘嗎？

義明所有的司法案件歷時三年終於落幕，他順利與前段婚姻的孩子進行定期會面，也定期支付孩子的扶養費用。透過各項資源的協助，義明了解到小燕的前夫與他同樣有權利探視前段婚姻的孩子，他也釐清自己的阻撓行為來自小燕與前夫因子女探視聯繫所產生的忌妒與擔憂。兩對夫妻都需要認知與理解，回歸各自日常生活運作是重要的，司法擺不平內心的傷痛，終究是義明個人要自己消化的。不是每一個人對於探索自己的內在都有興趣，但至少義明解決了現實問題，如與孩子的親子關係維繫。

● 與「前任」的聯繫是盡父母的責任與義務

義明的故事於實務上常見大人情感的變化，孩子與父母的親子關係維繫就被犧牲了，有些再婚的父母會說：「這樣接送孩子，我也要考量我現在先生（太太）的感受」，或甚至直接說：「我現在先生（太太）不願意我與前任再接觸，要我改定親權，把孩子接過來同住，與前任不要再聯繫」，這些都是錯誤的觀念，而且違反兒童權利。再婚後的重組家庭，選擇與有前段婚姻的未成年子女的對象結婚時，要面對的挑戰與心理預備是：伴侶仍然需要盡為人父母的責任與義務。對於伴侶與前任互動是否會舊情復燃的擔憂，個人對關係的不安全感是自己要面對的議題，而非要伴侶與前任從此切割、不往來，以此來保障現在關係的穩定度。

重組家庭與初婚伴侶的差異是，當進入重組家庭時，兩個新婚者關係的增進是備受挑戰的，因孩子已存在、是這個家的先到者。故事中的義明與小燕將力氣花在對抗各自的前配偶，義明經歷三年的司法過程、心理諮商才終於領悟與現任太太小燕的小家庭才是自己應該專注、投入心力的，週末接自己與小美的孩子共度假期，是盡為人父的責任。各自支持伴侶與前任進行親子關係維繫（探視），回到這樣的平靜生活才踏實，孩子也能在穩定的會面中達到身心穩定，這是三贏的做法。

義明的自我思考方向：

透過司法案件停留在四人關係的糾葛，對於現在家庭生活與個人身心帶來哪些影響？此時此刻的生活與親密關係中，最優先要考量的是什麼？

家事法學者告訴你

義明與前妻小美離婚後，他不付扶養費，小美也不讓他見孩子，義明為報復小美，決定至法院聲請酌定子女會面，要讓小美不斷進出法院，而小美也對義明反請求要求給付扶養費、返還代墊扶養費。究竟在本件中，同住方若不讓非同住方看小孩，非同住方能否拒絕支付扶養費呢？

依目前實務的見解認為「扶養」與「探視」是兩件事，二者應該彼此脫鉤，不能作為交換條件，但事實證明若脫鉤處理，只會造成惡性循環而已，亦即同住方拿不到扶養費，非同住方看不到小孩之窘境。由於扶養與探視均應以子女最佳利益為優先考量，同住方若拿到扶養費卻拒絕讓非同住方看小孩，構成行使權利履行義務不依誠實及信用方法，這是違反誠信原則。我們對於權利濫用以及沒有誠信的人還需要保障他們的權利嗎？

為了讓夫妻變成合作父母，必須讓當事人知道行使權利必須伴隨義務，現行扶養與探視脫鉤之作法應該重新檢討，除有正當理由無法支付扶養費者外，應該讓扶養與探視連動處理。亦即，不支付扶養費就不能主張會面交往，因為你無視於小孩基本生理需求，就沒有資格探望小孩，除非小孩主動要求會面。同樣地，不讓非同住方探視小孩，就沒有權利要求他方支付扶養費，因為既然覺得你可以獨力照顧小孩，不讓對方共同陪伴小孩成長，如何能夠再要求對方支付扶養費？此時，若非同住方可向法院主張構成改定親權之事由，如此方能徹底解決當前探視困難的問題。

離婚後未成年子女之會面交往，是離婚事件中最重的事情，因為非同住方無法與子女會面交往，就不願支付扶養費，接下來非同住方就會接連主張會面交往的暫時處分，或改定親權的種種請求。與此相對地，同住方對於他方不願支付扶養費就會有提起給付扶養費、返還代墊扶養費之請求，致使雙方陷於訴訟程序中，無法專心自己的事業與養育子女，而子女也會在父母官司進行中被迫成長，造成三輸的結果。因此，將來應考慮讓會面交往與扶養費連動處理，但須有配套措施，因為小孩仍有扶養請求權，不能讓小孩成為被懲罰的對象！

給孩子最重要的禮物

歷經三次調解，後來阿寬跟我們說，他還是決定要離婚。

他笑了一下，說自己真的已經努力過了，只是最後，還是選擇放手。

其實，我們對阿寬的決定有一點驚訝，畢竟原本阿寬一直不願放棄這段婚姻，而為了孩子的監護權，雙方也僵持了許久，誰也不讓誰。

最後一次調解，我們再次確認了阿寬對離合的想法，這次他選擇放手，他微笑著說：「我真的努力過了。」

後來，我們仍會電話關心他和孩子的相處，孩子雖然沒有和他一起長住，但每次阿寬和孩子的會面，幾乎都相當順利。

我們曾請阿寬向我們分享他會面順利的原因，是不是他特別做了什麼？但阿寬語重心長，他說：「我只是不想複製我父母親的婚姻，所以如果可以，我都會盡量配合前妻。」「無論是要依照調解筆錄執行，或是以孩子的需求為優先考量，只要孩子開心，我就心懷感恩。」

原來，阿寬與孩子的會面能夠順利，說穿了其實只有「以孩子為優先」、「不想孩子左右為難」。阿寬從小就在自己離婚父母的拉扯中長大，每次他與爸爸見面後，媽媽就會酸言酸語批評爸爸，阿寬痛恨父母即使離婚後仍透過他來發洩對彼此的仇恨，他立誓絕不能再讓孩子經歷他童年這種痛。

心理師想說

• 理想化的破滅

阿寬描述他的婚姻似晶瑩剔透、無雜質的水晶，一個理想化婚姻，突然出現了雜質。過往他內心那美好的太太，疑似背叛了他，批評他自私自利，阿寬的那一巴掌也打破了所有的美好。失去所愛、經歷失落而喚起童年與父母關係中受傷的自我，喚起內在深層的恐懼。從理想化到絕望的阿寬，認為自己的婚姻很美好，不解為何會發生這一切變化。阿寬把自己被拋棄的不堪、婚姻破裂的責任丟到別人身上，例如一切都是第三者的無恥，不相信太太會背叛自己。當阿寬感受到婚姻危機時，並未正視兩人的關係問題進行溝通，而是先諮詢了訴請離婚程序，想成為離婚的主動方，處於關係結束的掌控者位置：「是我不要你的，而不是你丟掉我。」阿寬的意識、潛意識作為都在保全自尊。

● 走過自己的父母離婚，害怕自己的孩子重蹈覆轍

很多大人於童年受苦時，在心中立誓，等自己成為父母，絕對不要重複當年父母對待的方式，去對待自己的孩子，或者有人沒信心自己能走出一條與當年父母不一樣的路，於是不生育，或甚至不婚。而阿寬童年經歷夾在離婚後卻仍然仇視彼此的父母之間的痛苦，當他成為父親之後，如果他極度想避免重蹈覆轍，因過於焦慮而在行為上變成控制，若孩子與他見面時表現不如期待，阿寬可能出現「是不是你媽媽教你的？」「你媽媽以前就是這樣……」這類的反應，如此一來阿寬就會重複父母當年的模式，心中最害怕孩子經歷他童年的苦，卻無意識地做出了一樣的行為。

但故事中的阿寬很有意識地為孩子選擇放手，不再堅持成為孩子生活中的主要照顧者，而能妥協與配合。當阿寬沒有被自己內心的焦慮綁架，做一個輕鬆以對的探視方，孩子也相對能度過家庭變動，實務中見到離婚父母能自在與平和的互動，處於中間的孩子也能自在。當一方父母為難另方父母時，就是為難孩子，很難能與孩子於心理上靠近，因此當父母在牽起孩子的手之前，請先善待另方父母。

阿寬的自我思考方向：

堅持留在婚姻中或者放手成全太太都是不容易的決定，成熟的人能看清現實，並為自己做的決定承擔可能的後果。阿寬可思考在這段婚姻中，「我」是什麼樣的人？關係走至此，還是自己想要的理想關係嗎？若要再重啟另一段關係，可以調整的是什麼？

家事法官告訴你

《民法》第九七二條規定：婚約，應由男女當事人自行訂定，所以可以知道婚姻的本質就是一種契約，只是婚姻契約這種身份上的契約跟買賣等其他財產上的契約不一樣，是以夫妻感情為基礎，以夫妻共同生活、終生廝守為目的所締結。夫妻本於這樣契約的本質應該要互相協力，保持共同婚姻生活的圓滿、安全及幸福。

一般而言，買賣契約成立後，買方和賣方若沒有解除契約的共識，也沒有符合法律規定的要件，是無法任意使買賣契約失去效力的。同樣的，關於婚姻契約，如果夫妻沒有解消婚姻（離婚）的共識（協議離婚），也沒有辦法單以一方的期待就可以達到離婚的目的，在這種情況之下，只好透過法院的程序進行了。

法院既然是依照法律的規定來進行審判，法官要判夫妻離婚就要符合法律規定的要件，這就是《民法》第一〇五二條所規定的離婚事由。到了法院，有沒有一種不符合法律所規定的要件卻可以達到離婚目的的方法？有的，那就是調解。雖然原告起訴要法官判決離婚，但依照《家事事件法》的規定，法院應該要先進行調解的程序，透過學有專精的調解委員的協助，本來可能不符合離婚要件，或證據不充分的調解程序聲請人（就是訴訟事件的原告）仍可能因為相對人（就是被告）的同意而達到離婚的目的。透過調解程序可以使夫妻不用互揭瘡疤，也不用把家裡大大小小的私密（例如夫妻性行為的癖好及頻率等）說給陌生的調解委員聽，或讓包括法官的法庭內的人知道，更不會形成文字，掛在司法院的網站上（非公開），對夫妻都是好事。

買賣契約解除後，物品和價金的返還自有法律規定的方式，一旦履行了就一翻兩瞪眼，彼此不相干了，但夫妻離婚後，仍有未成年子女親權、會面交往甚至扶養費的問題需要處理，更由於親子血緣是無法斷絕的，所以需要好好看待。

但是孩子的部分需要和離婚綁在一起「同捆」嗎？離婚是有婚姻關係的夫妻可以自行決定，而未成年子女親權、會面交往或扶養費的問題則是需要以孩子的最佳利益為核心去思考。所以，在調解時，如果夫妻對離婚有共識，可以就離婚達成調解；對於孩子親權、會面交往及扶養費的部分若沒辦法有一致的決定，可以就孩子的部分交由法官來審酌。法官會綜合社工訪視報告、家事調查官的調查報告或程序監理人的意見，參考孩子的意願，基於孩子的最佳利益作成決定。

4-5 如何面對愛已遠逝……

親權人要盡到哪些保護教養孩子的義務？什麼是對孩子不利的行為？

阿元與麗麗在離婚後這兩三年，看似一切都好，然而在阿元得知麗麗有了新對象後，事情卻又重新複雜起來。

友善的父母關係

若從普世的觀點來看，離婚後這三年的阿元與麗麗，或許算得上是模範友善父母了。

兩人已分開好一陣子，一直相安無事，甚至可以稱得上是合作無間。兩人同樣關心孩子、維持著友善的父母關係，也願意分擔輪流照顧的責任。比如說，孩子們平時大多是和麗麗一起生活，但阿元總不會漏掉要接孩子過來的時間。他們的默契之好，讓人很難想像兩人早已分道揚鑣。

當初在法院上進行離婚調解，兩人都極力爭取擔任孩子的親權人，也希望能成為孩子日常生活的主要照顧者。阿元希望由他照顧兩個孩子，或至少一人照顧一個孩子；麗麗則不願孩子兩人分開，僵持不下。

後來，法官決定兩個孩子由雙方共同監護，並由麗麗擔任主要照顧者。而法官也定了「每個月的第二個、第四個週末，由阿元接孩子回去照顧」，但阿元與麗麗並不特別依照這個方案行事，卻也沒什麼爭執。兩人依照雙方的工作、孩子的作息而自由調整，看起來相當理想。

媽媽的男朋友

然而，這一切看似理想、和平，離婚後能共同照顧孩子的狀態，在麗麗最近半年交了男友後，卻無法再持續。

原來，之前那樣的和平能夠維持，某程度上其實是因為阿元心中有想要復合的願望。

當初不願離婚的阿元，一直期待與麗麗還能有復合的一天。那年在家裡、在法庭上，阿元說著：「要離婚可以，你走，孩子留給我。」想不到那樣話語的背後，其實是希望藉此讓麗麗放棄離婚的念頭。

只能說有心栽花花不開，在歷時一年半的司法訴訟後，阿元花了時間，又花了律師費，最後法官判決離婚，對阿元來說，依舊事與願違。

無法接受離婚結果的阿元，轉為把希望放在復合上面，他告訴自己：「我還有機會。」

阿元與麗麗對彼此未來關係、身分的認知，有著巨大的落差。

某天，孩子無意中說出媽媽有男朋友，一直懷著希望的阿元先是錯愕，接著很快就轉為憤怒。

在阿元的觀點裡，麗麗要是陷入熱戀，豈不就無心照顧孩子了？阿元帶著一連串的擔憂與不滿，到法院提起改定監護權，希望能把孩子接回由自己照料，這卻又是一場衝突的開端。

憤怒與疲憊

阿元認為，自己的孩子為何要由陌生男人照顧？新聞上那麼多母親同居人虐待孩童的新聞，麗麗的男友說不定也會傷害自己的孩子。

阿元一狀告上法院，麗麗收到法院的調解通知書後，理所當然地也被挑起了憤怒的情緒。在麗麗眼裡，阿元根本是無理取鬧，沒事找事。

阿元與麗麗一前一後經由法院轉介，都分別再度回來與我們會談。

在這次個別會談中，阿元不斷訴說，社會新聞那麼多恐怖的先例，他不希望自己的孩子身處在這樣的風險中。阿元更質問：「老師，要是孩子出事，法院要負責嗎？」

阿元的話中，看似一切都是為了孩子，他有無比的信心，法官一定會認同他的擔憂。他說，一切交給法官決定。

至於麗麗，言談中感到既無奈又疲憊。對她來說，阿元就是無理取鬧，兩人都已經離婚了，他憑什麼干涉自己結交朋友的合理權利？

麗麗認為，口口聲聲說為孩子的阿元，其實就只是不甘心、想要爭一口氣。她也說自己諮詢過律師，她認為阿元提改定親權的理由根本不可能成立。

兩人一個憤怒、一個疲憊，一直沒有交集。

孩子成為夾心餅乾

其實，兩人如此爭吵，針鋒相對，最不知所措的仍然是孩子。孩子們夾在父母之間好像夾心餅乾，阿元與麗麗甚至成了孩子的壓力來源。

麗麗會交代孩子，週末與叔叔一起出遊的事情，不可以告訴爸爸。不得不保守秘密讓孩子們有了壓力，但到了爸爸那邊，阿元又要不斷追問關於媽媽男友的事。

兩個國小的孩子，三年前才經歷過父母離婚時的衝突與壓力。孩子原本以為離婚後的和平能夠持續，好不容易覺得一切平靜了，如今卻又要承受爸爸到法院告媽媽的事情，兩人也越來越不快樂。

這天，女兒鼓起勇氣哀求阿元可不可以不要告媽媽，她和哥哥不想再去法院了；一旁的兒子說希望上了國中後能夠去住校，逃離這些令人喘不過氣的事情。阿元聽了兩個孩子的想法後，心一沉，決定為了孩子而撤案。

心理師想說

阿元與麗麗離婚至今三年，但阿元從「法律上的離婚」仍未走向「心理上的離婚」，無法哀悼婚姻已結束，仍然抱持著與麗麗復合的期待，處於一家四口互動的美好中。當麗麗的男友出現，阿元覺得一切他期待與幻想中的美好將走向不可控。

●孩子，借爸爸用一下

阿元表面上焦慮擔心一個談戀愛的母親無法好好照顧孩子；孩子會被媽媽的男友虐待，其實阿元潛意識裡的焦慮是「自己被丟掉、被不要了」，包含他這個父親角色會被取代，所以舉著「我是為孩子好」的大旗來合理化自己的被棄焦慮。

一段穩定的關係能帶來滋養、療癒或帶來安全感。對阿元來說，麗麗與孩子穩定的存在，固定如儀式般的往來具有象徵性意義，接送、照顧孩子是他生活的重心，一切如常，他的內心就安定了。因此可以理解在麗麗男友出現後，阿元為何會掀起一場司法戰，要法官來主持公道。實務常見兩人關係緊繃時，會拉第三者形成三角關係以平衡，如阿元需要拉第三者——法官，這權威進入父母的關係中，但終究父母該如何分工照顧自己的孩子，是需要父母自行溝通協商，於是兩人又被轉介至社區進行家事商談。

● 爸媽，我很痛苦啊！

阿元的孩子對於父母離婚後的平靜生活再起波瀾，有著無奈、痛苦。在這樣處境中的孩子，有的是主動涉入父母紛爭，如阿元的女兒扮起父母糾紛調解員的角色，勸阿元撤案。阿元的兒子已屆青春期，這時期的孩子有自己發展階段的議題要面對，如個人內心世界的混亂，課業、人際、身心變化等各種壓力。實務上常見青春期的孩子面對父母紛爭，最常出現的情緒是憤怒。當對於父母的離合、衝突、探視等，要青春期孩子表態時，有的孩子會說：「他們要離婚關我屁事啊！」「我爸、我媽要見我，幹嘛要找法院插手？」或者孩子會採取冷漠以對的逃離、隔離情緒的方式。

阿元的兒子採取實際上的離家，選擇上國中之後要住校，但若心沒有離家、與父母的情緒沒有分化，阿元的兒子也將持續在情緒上受苦。慶幸阿元聽進孩子的心聲而撤案，讓一家四口生活回歸日常。阿元內心的不平靜，如每次接送孩子就會面對麗麗已有男友的事實，是否能節制自己、有清楚的角色界限且不去過問，這些都是阿元個人要自行消化處理的。

阿元的自我思考方向：

去除了夫妻角色，仍需以父母角色與麗麗互動，面對前妻有新伴侶，自己內心被擾動的是什麼？內在那一團糾結的情緒是忌妒還是恨？什麼樣的成長經驗因而被勾動，可以是更深的探索。

家事法官告訴你

《民法》第一〇五五條第一項規定：夫妻離婚者，對於未成年子女權利義務之行使或負擔，依協議由一方或雙方共同任之。未為協議或協議不成者，法院得依夫妻之一方、主管機關、社會福利機構或其他利害關係人之請求或依職權酌定之。所以，在父母離婚後，未成年子女的「親權」（一般稱為監護權）可以協議單獨由父或母一方行使，也可以是共同行使，但是由其中一個人擔任主要照顧者，負責處理孩子就學、就醫、生活照顧等事項。

不論是共同親權或是單獨行使親權，如果親權人或主要照顧者沒有盡到保護教養孩子的義務，或對孩子有不利的行為，對方、未成年子女、主管機關、社會福利機構或其他利害關係人都可以基於子女的利益，請求法院改定親權人或主要照顧者，這就是《民法》第一〇五五條第三項的規定。從這樣的規定可以知道，父母對子女的親權並不是一經約定或裁判就一直維持到子女成年為止，做為親權人或主要照顧者的父或母，如果有不利於孩子的行為，對方都可以隨時向法院聲請改定，當然，會不會改定成功又是另當別論了。

那什麼是沒有盡到保護教養孩子的義務？什麼又是對孩子有不利的行為？實務上常看到父母在法庭上指責對方給孩子吃泡麵、鹹酥雞等食物，或沒有讓孩子學才藝，使孩子跟不上別人，其實這些都不是法官最看重的事。難道法官的孩子都沒有吃泡麵、鹹酥雞等一般人認為不營養的食物？或都讓孩子學很多才藝？況且，如果占用孩子休息、遊戲的時間要求孩子去上他們不想學的才藝，還可能因為剝奪孩子的遊樂權而違反兒童人權公約哩！

所謂盡到保護教養孩子的義務，簡單說就是隨著孩子逐漸長大，親權人或主要照顧者在學習、養育及醫療等方面，應給予孩子相對應的保護措施，例如：提供日常生活所需、鼓勵就學或學習一技之長；孩子罹患疾病時安排或陪同就醫等。至於所謂對孩子有不利的行為，最常見的就是對孩子的身心施以暴力行為，或對孩子為性侵害行為。另外，「教育之道無他，唯愛與榜樣而已」，若親權人或主要照顧者無視於孩子的存在，任意在孩子面前施用毒品，或縱使孩子在車內仍有危險駕駛的行為，也都是屬於對孩子有不利的行為。

因應一些父母抱怨「『共同行使親權』會使主要照顧者做一些決定都要經過非同住方同意」，法院亦會特別指出某些事項得由主要照顧者單獨決定，如：子女之住所地及居所地（含戶籍遷移登記）、子女就學、學區相關事宜、醫療照護事項、請領各項補助、助學貸款、在郵局等金融機構之開戶或帳戶變更事宜、辦理子女全民健康保險（眷保）轉保、加保、退保事宜、辦理子女商業保險加保、退保、理賠事宜、辦理子女護照、出國旅遊事宜等事項。除此之外的其他事項則仍需由父母共同決定。

4-6

一輩子，就要這樣過下去嗎？

訴訟時，提出證據，才有可能被採信

多年後再見進發，他離婚後的快樂完全感染了我們。

「你看我現在快七十歲了，看不出來吧！」眼前的進發得意洋洋，像個快樂的大男孩炫耀著，充滿活力又愉悅的他，正在向我們展示他「回春」的黑髮。

若是不說，可能誰也想像不到，他走過了超過三十年的痛苦婚姻，過程中生活在恐懼、紛擾之中，又遭逢數起鉅變。

進發向我們說起以前的傷心往事，倒有點看通透人生的豁達。

她也是受害者

進發在和我們進行訪談時，總是選擇先說快樂的事情，就連我們也跟著被感染放鬆愉快的情緒。但說起前妻，進發皺了皺眉，好像有千言萬語，糾結掩不住，他還是說了：「其實她也是受害者啦。」

原來，進發的太太其實一直有心理上的疾病。

當年進發並不清楚，面對像不定時炸彈一樣發飆、狂怒的太太，他始終選擇「忍到底」，但那麼多年來忍出來的疙瘩，實在一直過不去。

前妻是進發的同屆大學同學，兩人一九八幾年結婚，一結就是三十幾年。但進發說，他當年真的是生活在恐懼之中。

「像她懷孕，一生氣就說要去把孩子打掉，結果女兒生出來，她跟女兒說，當初是我要她打胎……」進發嘆說，前妻講話無中生有，還在床頭藏菜刀要砍他，「現在想著，這個撿回來的命，還過得不錯，就要好好生活啦。」

進發直到後來了解了太太的疾病，努力說服自己放下。他也真的漸漸看開，不再去怪罪太太，而把重心放在自己身上，好好生活。

「台灣男人覺得自己很行」

這句話由進發口中說出來，有股奇妙的俏皮味道。

進發自嘲自己就是典型的台灣男人，一輩子在公務體系工作，想法傳統，聽長輩的話，說該娶媳婦了就趕快娶一娶。對於自己走過這段人生的體悟，他大聲說：「我覺得接受心理輔導、諮商，太重要了！」

進發說自己比較開明，願意接受我們的服務，透過諮商知道關係問題發生的原因，這對他幫助很大。他當時參加我們的男性支持團體，在他眼中，他發現男性或許特別需要協助。

「我看其他組員，好像都……邁不出去還是怎麼樣……」他說他很清楚，那種恨真的很痛苦，要不是有心理師能協助從專業的角度看事情，很多事情自己根本不會知道。

他大大推薦其他男性「要放下身段」，鼓勵大家尋找專業資源。他還開玩笑說：「台灣男人都覺得自己很行，但其實是不行的啦。」

笑著笑著，進發又回憶起他長長的婚姻。他感嘆，當初因為傳統價值觀結了婚，又因為傳統價值觀而難以離婚。

不要想婚姻會帶來改變

說到後來，進發說他對婚姻最大的體悟，就是「不要想說先在一起再改變對方，那是不可能的」。

進發早知道太太脾氣不好，但那時候家裡長輩說：「你先娶了，娶了再教」，他也就信以為真。現在他知道，根本不要想去改變別人，婚姻就是找到合適的最好。他說，如果能夠重來，他甚至根本不要結婚，要過好自己的生活、快樂就好。

進發一輩子的婚姻都不快樂，但六十歲要離婚那前後，是他人生最痛苦的階段。當時他的兩個兄弟都罹患癌症，年邁的媽媽又失智，身邊的好友也離世，「然後老婆大人在那邊吵啊」，還主動告他家暴、要離婚。

前妻的從不體諒讓進發相當痛苦，他現在乍看輕鬆，笑說他那時去做網路上的壓力指數自評，「超過三百分的人可能就會想要自殺，但我那時候四百八十三分耶！」

這樣承受許多衝擊的進發，笑說感謝多年前我們的協助，讓他透過多次諮商後勇於做出同意離婚的決定，第二次調解就同意太太所有的要求。進發也奉勸在離婚訴訟中的人，不要堅持讓法官判還自己什麼清白，婚姻的冷暖自知，不適合就放手。

其實，進發現在兩個孩子都大了，也已經是三、四十歲的年紀。說起兩個孩子，進發眉間還是有點擔憂。直到現在，與孩子同住的前妻，都還會對女兒說他的壞話，而孩子長期在高壓的父母衝突、冷暴力中成長，多少心理上有一些問題，甚至「都四十歲的哥哥還跟媽媽常常打架，又再去找妹妹麻煩」。

談到當初某部分是為孩子而忍耐，卻造成已成年的兩個孩子不敢踏入婚姻、心理都有點狀況。進發在訪談最後未如一開始的開朗，反而是自責早該做決定。也許不想再談自己與太太的婚姻對孩子的傷害，進發話鋒一轉說現在把老年生活過得精彩、活得健康，偶爾約孩子吃個飯、關心一下，是他這做爸爸能做的了。

心理師想說

● 我的一輩子就要這樣過了嗎？

「老年期」是一個看似不斷在面對失去的時期，如退休、生理機能的退化、親友離世，能否哀悼身心衰老，從獨立的成人又回到童年的依賴，已是個課題。這時期要做離婚的決定更是困難，一連串失去中要再失去婚姻嗎？進發面對外界，內心的聲音是：「如果都可以度過這三十年不快樂的婚姻，再十年、二十年也可以過吧？」但深陷於困境中，內心又有一絲希望：「也許離開可以更好？」

人到中老年似乎不得不接受自己人生就這樣了，一邊看似接受，一邊又不甘心、幻想可以更好，內心兩股力量拉扯著。常見的防衛機制便是把不開心、困境投射給對方：「要不是當初找了這樣的人，我的人生會不一樣的。」

當年六十歲的進發，透過心理諮商面對內在矛盾，更認識自己，走上老年期的自我覺醒之路，痛下決心結束三十年來不快樂的婚姻。在六十歲要離婚之際，進發內心承載了大量的恐懼與悲傷，當理解了太太是受疾病影響而有脫序行為時，讓這痛苦婚姻的結束責任有了歸因，是「疾病」這外在因素，不是他、也不是太太的問題。

當歸因於外在，沒有了主動提離婚的罪惡感、沒有社會現實眼光的壓力，內心輕鬆些，就推動了進發離婚的行動。

● 堅持三十年不離，孩子早已傷痕累累

離婚十年後的進發享受老年生活，將自己照顧得很好，內心卻愧對兩名成年

子女，自責早該決定離婚，也許對孩子的影響會降低。

很多父母會為孩子而堅持維持一段相互傷害的婚姻，認為完整家的形式對孩子很重要。但進發回首這三十年與太太的互動，家庭的高壓氛圍、父母兩人的不快樂占了大半時光，讓孩子遇到困境可以支撐的滋養、正向家庭經驗卻付之闕如。

維持看似一家四口同在屋簷下的家，在進發的故事中對兩個孩子的傷害更是深遠，如兩個已成年的孩子都不敢踏入婚姻、心理有些狀況。孩子目睹父母在婚姻中的相互折磨，有著跨越不了的心理困境，孩子在這樣家庭裡常是內心孤獨的。現在進發偶爾與孩子約吃個飯，也許能讓兩個成年孩子感受到仍是被爸爸愛著的，但對三十年於此處境中的孩子，甚至父母離婚後，仍然持續接收母親談論父親的不是，要克服心理困境，是相對需要更多年的時間協助他們走出長夜，看見曙光。

進發的自我思考方向：

與成年孩子的互動中，思考未來如何持續創造與維持正向父子／父女互動經驗。

家事法官告訴你

每個來法庭的人都信誓旦旦說自己講的都是實在的，如果針對同一件事，例如有沒有打人，原告和被告都說自己講的是實在的，那法官要相信誰？許多人抱怨，「法官為什麼不相信我說的話？」同樣的情形，領款的人沒有帶存摺簿、印章，也不知道密碼，為什麼沒有人抱怨銀行的行員不相信自己在銀行存有一千萬元？

在這個故事中，你知道到底誰主張要把孩子打掉嗎？如果沒有人拿出可以相信的證據，我們都不知道。所以如果說要給法官判，還自己清白，真的是太看得起法官了。法官是人不是神，沒有證據什麼都沒辦法判斷。如果有人問我，在訴訟程序中什麼最重要，那就一定是證據了。

什麼是證據？就是可以證明你說的是實在的人證或物證。「我有驗傷單可以證明他打我嗎？」驗傷單只能證明你有受傷，並不能證明是誰打你；「我有轉帳給他，可以證明他向我借錢嗎？」轉帳的原因很多，除了借貸之外，贈與、清償債務等都有可能；「我有他們從汽車旅館出來的相片，可以證明他們有與他人為性交行為（俗稱通姦）嗎？」這種相片只能證明他們有去汽車旅館，但沒有辦法證明他們有通姦的行為。所以最好的證據是他自己承認有在什麼時間打你的悔過書、向你借錢的單據，或在自由意志下承認通姦的對話紀錄。

什麼人可以當證人？法律沒有規定誰不可以當證人，只要有親眼看到或聽到事件經過的人都可以，不管證人是你的父母子女或什麼關係，他們都可以到法庭來當證人，但是他們的證詞可不可信、會不會被採信，就要依靠法官或雙方詰問他們的證詞來判斷明瞭了。值得注意的是，因為看到的面向不一樣，所以證人的證詞也有可能會不一致，另外，證人的記憶也可能出錯，這就是證人證明力的侷限。

誰要負責提出證據？原則上主張積極事實的人要負舉證的責任，就是主張有這個事實的人要提出證據。以離婚為例，原告主張被告對自己有《民法》第一〇五二條規定的離婚原因，如：與他人為性交行為、為不堪同居之虐待等，原告要拿出證據來證明被告有與他人通姦、被告有對原告實施無法忍受的虐待行為，不想離婚的被告則不用證明自己沒做過的事，事實上也難以證明。另外，一般而言，主張常態事實的人不負舉證責任，主張非常態也就是變態事實的人才要負舉證責任，例如：如果印文是真正的，一般正常的情形是印章的持有人蓋的，如果主張印文是被盜蓋的，那對於印文被盜蓋的這種非常態事實，主張的一方就要對於印章被盜蓋的事實負舉證責任。

總而言之，無中生有的說故事是不能發揮作用的，提出可以讓法官採信的證據才是訴訟勝負的關鍵。而提出證據的責任就像打乒乓球一樣，在原告和被告之間打來打去，看誰可以提出合於法律規定且可以讓法官相信主張為真實的證據，才可以贏得這場球賽。

國家圖書館出版品預行編目資料

關於離婚，你必須知道的事／林秋芬，鄧學仁，潘雅惠著. -- 初版. -- 臺北市：商周出版：英屬蓋曼群島商家庭傳媒股份有限公司城邦分公司發行, 2023.05

面；　公分. --（Live & learn；110）

ISBN　978-626-318-672-9（平裝）

1.CST：婚姻　2.CST：兩性關係

544.3　　112005826

關於離婚，你必須知道的事：諮商心理師和家事法專家給的處方箋

作　　者／林秋芬、鄧學仁、潘雅惠
總 校 閱／林秋芬
故事提供／吳佳樺、李蓁、林秋芬、林茜翎、章小娟、郭榕、陳政雄、黃宜珍、潘怡璇、顏惠儀
（依姓氏筆畫）
訪談整理、文字潤飾／高婉容
責任編輯／程鳳儀、王拂嫣

版　　權／林易萱、吳亭儀
行銷業務／林秀津、周佑潔、黃崇華
總 編 輯／程鳳儀
總 經 理／彭之琬
事業群總經理／黃淑貞
發 行 人／何飛鵬
法律顧問／元禾法律事務所 王子文律師
出　　版／商周出版
城邦文化事業股份有限公司
115 台北市南港區昆陽街 16 號 4 樓
電話：(02) 2500-7008 傳真：(02) 2500-7579
E-mail：bwp.service@cite.com.tw
發　　行／英屬蓋曼群島商家庭傳媒股份有限公司城邦分公司
聯絡地址／115 台北市南港區昆陽街 16 號 8 樓
書虫客服服務專線：(02) 25007718．(02) 25007719
24 小時傳真服務：(02) 25001990．(02) 25001991
服務時間：週一至週五 09:30-12:00．13:30-17:00
郵撥帳號：19863813　戶名：書虫股份有限公司
讀者服務信箱 E-mail：service@readingclub.com.tw
城邦讀書花園 www.cite.com.tw
香港發行所／城邦（香港）出版集團有限公司
香港九龍土瓜灣土瓜灣道 86 號順聯工業大廈 6 樓 A 室
電話：(852) 25086231　傳真：(852) 25789337
E-mail：hkcite@biznetvigator.com
馬新發行所／城邦（馬新）出版集團【Cite (M) Sdn. Bhd】
41, Jalan Radin Anum, Bandar Baru Sri Petaling,
57000 Kuala Lumpur, Malaysia
電話：(603)90563833　傳真：(603)90576622
E-mail：services@cite.my

封面設計／徐璽工作室
電腦排版／唯翔工作室
印　　刷／韋懋實業有限公司
總 經 銷／聯合發行股份有限公司　電話：(02)2917-8022　傳真：(02)2911-0053
地址：新北市 231 新店區寶橋路 235 巷 6 弄 6 號 2 樓

Printed in Taiwan

■ 2023 年 05 月 30 日初版
■ 2024 年 07 月 04 日初版 3.3 刷

定價／ 400 元

城邦讀書花園
www.cite.com.tw

ISBN　978-626-318-672-9

這本書的版稅是作為兒家協會提供高衝突離異家庭服務。